Albert Bailer

Profile des Religionsunterrichts

»Arbeiten zur Pädagogik«

herausgegeben von Otto Dürr und Helmut Frik

Band 21

Albert Bailer

Profile des Religionsunterrichts

Orientierungshilfe

zu fachdidaktischen Konzeptionen der Gegenwart

CALWER VERLAG STUTTGART

Bailer, Albert:

Profile des Religionsunterrichts : Orientierungshilfe zu fachdidakt. Konzeptionen d. Gegenwart / Albert Bailer. – Stuttgart : Calwer Verlag. 1980

(Arbeiten zur Pädagogik : 21)
ISBN 3-7668-0654-8

ISBN 3-7668-0654-8

PRINTED IN GERMANY

SATZ UND DRUCK: ERNST LEYH, STUTTGART.

INHALTSVERZEICHNIS

Einleitung

Einleitung

Am Maßstab der literarischen Produktivität gemessen gehört das Jahrzehnt zwischen 1970 und 1980 zu den fruchtbarsten Epochen in der Geschichte der Religionsdidaktik beider Konfessionen. Neben den über einhundert Buchveröffentlichungen – Schulbücher und Lehrerhandbücher nicht mitgerechnet – legt die fast unüberschaubare Fülle von Zeitschriftenaufsätzen und Unterrichtsmodellen ein beredtes Zeugnis von der Intensität und Dynamik des Gesprächs ab, das in diesem Zeitraum geführt wurde. Erstaunlich ist jedoch nicht nur die Quantität der Publikationen, sondern auch die große Bandbreite der in ihnen abgehandelten Themen. Zu den vier Problemkreisen, die auch seither schon die Fachdidaktik beschäftigt hatten – der Frage nach Begründung, Zielsetzung, Inhalten und Verfahren des Religionsunterrichts (RU) – traten unter dem Einfluß der Human- und Sozialwissenschaften, sowie der Curriculumtheorie Ende der sechziger Jahre Probleme, die ihr Arbeitsgebiet wesentlich erweiterten: insbesondere die Frage nach den Faktoren, die das Denken, Werten und Handeln der Schüler bedingen; den Wirkungen, die vom RU auf den Heranwachsenden und die Gesellschaft ausgehen; der Bedeutung, die dieses Fach für individuelle Lebensvollzüge und soziale Lebensprozesse besitzt; aber auch das Problem seiner Strukturierung nach curricularen Prinzipien und seiner Gestaltung nach mediendidaktischen Gesichtspunkten.
Zweifellos ist diese breitgefächerte Produktivität als Reaktion auf die Krise zu deuten, in die der herkömmliche bibelzentrierte RU vor rund zehn Jahren geraten war. Mit aller Deutlichkeit zeigte sich damals, daß seine Schwierigkeiten – vor allem das Desinteresse der Schüler und die Infragestellung durch eine kritische Öffentlichkeit – letztlich durch die Kluft bedingt waren, die zwischen den Sinn- und Wertnormen der Bibel und den in Familie und Gesellschaft anerkannten und praktizierten Sinndeutungen und Verhaltensorientierungen besteht. Um sie zu überbrücken und die Relevanz des RU für Individuum und Gesellschaft einsichtig zu machen, genügten methodische Reformen nicht; erforderlich war vielmehr eine substantielle, auch seine Ziele und Inhalte umfassende Veränderung. Aus dieser Einsicht erwuchs das Programm des problemorientierten RU, mit dessen Hilfe es der Fachdidaktik während des vergangenen Jahrzehnts gelang, zumindest die Symptome dieser Krise zu beheben und ein Stück weit die Plausibilität der Normen zu erweisen, die der RU vertritt. Zu seiner Stabilisierung

trugen freilich nicht nur neue, die Schülererfahrungen berücksichtigende Ziele und Inhalte bei, sondern auch die Verbesserungen des methodisch-medialen Arrangements; auch sie erhöhten seine Attraktivität für die Heranwachsenden und halfen mit, deren Meinungsbild positiv zu verändern.

In anderer Hinsicht ist der Ertrag dieser Jahre allerdings zurückhaltender zu bewerten. Abgesehen davon, daß wichtige Problemfelder, insbesondere die empirischen Themenkreise, zu wenig Beachtung fanden, dominierte in dieser Zeit das Interesse an Einzelfragen des RU derart, daß darüber die Ausarbeitung von Gesamtkonzeptionen zu kurz kam. Gewiß gab es eine Vielzahl programmatischer Veröffentlichungen, die die religionsdidaktischen Intentionen ihrer Verfasser hinlänglich verdeutlichten; eine systematische Entfaltung dieser Ansätze zu einer alle Teilaspekte reflektierenden und integrierenden Theorie fand in der Regel dagegen nicht statt. Man begnügte sich meist damit, vor Fehlentwicklungen zu warnen, bzw. Anstöße zur konzeptionellen Weiterentwicklung zu geben; unterließ es jedoch, die eigene Position umfassend zu begründen und als in sich geschlossenes Ganzes zur Diskussion zu stellen. Daß diesen Publikationen infolgedessen nur eine begrenzte Wirkung beschieden war, liegt auf der Hand. Sie haben zwar das Gespräch über Gestalt und Gehalt des problemorientierten RU befruchtet, z. T. über Jahre hinweg bestimmt; nichtdestoweniger gehören sie aus heutiger Sicht geurteilt der Vergangenheit an. Anders verhält es sich mit jenen wenigen religionsdidaktischen Programmen, die im Laufe der siebziger Jahre zu einer Gesamttheorie ausgebaut wurden. Indem ihre Vertreter den jeweiligen Denkansatz systematisch entfalteten, d. h. im Blick auf das Bedingungsfeld und den Orientierungshorizont, sowie hinsichtlich der Ziele, Inhalte und Verfahren des RU konkretisierten, verliehen sie ihren Vorstellungen größere Überzeugungskraft und damit auch erhöhte Wirksamkeit. Im evangelischen Bereich trifft dies – sieht man von Nipkows literarisch noch nicht abgeschlossener Theoriebildung ab – auf drei Ansätze zu: den »emanzipatorischen« Ansatz Siegfried Vierzigs, den »therapeutischen« Ansatz Dieter Stoodts und den »bibelorientierten« Ansatz der Vertreter des Pädagogisch-Theologischen Zentrums Stuttgart, bzw. des Pädagogisch-Theologischen Instituts Karlsruhe, der später von Heinz Schmidt erweitert und systematisiert wurde. Da diese Konzeptionen sich heute in der Praxis durchgesetzt und zudem die Gestaltung von Schulbüchern, Lehrerhandbüchern und Unterrichtsmodellen, z. T. auch die Arbeit an den neuen Lehrplänen stark beeinflußt haben, dürfte es berechtigt sein, in ihnen den bleibenden Ertrag des vergangenen Jahrzehnts zu erblik-

ken und sie zugleich als die Theorien einzustufen, die dem RU der achtziger Jahre sein Profil geben.
Ihrer Darstellung ist die vorliegende Arbeit gewidmet. Sie unternimmt es demzufolge nicht, die seitherige Entwicklung des problemorientierten RU nachzuzeichnen, sondern konzentriert sich – nach einem kurzen Rückblick auf die Religionsdidaktiken der Nachkriegszeit – darauf, über die heute und künftig relevanten Gesamtkonzeptionen zu informieren. Daß sie darüber hinaus kritische Anfragen an diese Theorien richtet, ist schon von ihrem Charakter als Orientierunghilfe her geboten; sie verfolgt damit selbstverständlich auch das Ziel, die fachinterne Diskussion weiterzuführen.

1. Teil

Die Vorgeschichte des heutigen Religionsunterrichts

Literatur:

(1) Richard Kabisch: Wie lehren wir Religion?, 1910
(2) Helmuth Kittel: Vom Religionsunterricht zur Evangelischen Unterweisung, 1947
(3) Helmuth Kittel: Evangelische Religionspädagogik, 1970
(4) Helmuth Kittel: Freiheit zur Sache, 1970
(5) Martin Stallmann: Christentum und Schule, 1958
(6) Martin Stallmann: Die biblische Geschichte im Unterricht, 1963
(7) Martin Stallmann: Evangelischer Religionsunterricht, 1968
(8) Hans-Bernhard Kaufmann: Streit um den problemorientierten Unterricht, 1973

Die Zitate werden in der Weise belegt, daß die erste Zahl die zitierte Literatur, die zweite die Seitenzahl angibt.

Überblickt man die fachdidaktischen Konzeptionen der Gegenwart, so stellt man fest, daß sie mehr oder weniger stark von Theorien beeinflußt sind, die in den vergangenen Jahrzehnten das Profil des RU geprägt haben. Auch wenn dieser Einfluß gelegentlich nur in der Form der Negation zutage tritt, ist die Kenntnis der Vorgeschichte für das Verständnis des heutigen RU dennoch unerläßlich. Aus diesem Grunde sollen in diesem Teil zwei Konzeptionen dargestellt werden, die in der Zeit zwischen 1945 und 1968 die Praxis des RU maßgeblich bestimmt haben und in ihr z. T. bis in die Gegenwart nachwirken: die »Evangelische Unterweisung« und der »Hermeneutische Religionsunterricht«. Das diese Darstellung leitende Interesse ist nicht historischer, sondern systematischer Art. Sie begnügt sich deshalb damit, diese Theorien an augewählten Beispielen zu verdeutlichen und ihre charakteristischen Merkmale herauszustellen. Daß auf diese Weise die Religionsdidaktik der Nachkriegszeit nur unvollständig erfaßt und insbesondere ihre individuellen Variationen unberücksichtigt bleiben, muß ausdrücklich hervorgehoben werden.

Ob noch weiter zurückliegende Theorien – vor allem die liberale Religionsdidaktik R. Kabischs – Auswirkungen auf gegenwärtige Konzeptionen hatten, ist nicht sicher zu entscheiden. Immerhin bestehen auffällige Parallelen zwischen Kabischs Grundentscheidungen und denen der meisten heutigen Religionsdidaktiker. Herausgefordert durch den »Bremer Schulstreit« (1905/06) bemüht auch er sich um den Nachweis, daß der RU keinen Fremdkörper im Organismus der Schule bildet, sondern im Gegenteil einen wichtigen, ja unentbehrlichen Beitrag zur Verwirklichung des schulischen Erziehungsziels, des Ideals der Humanität bzw. der Autonomie, leistet (1/4 ff); auch Kabisch fordert deshalb einen RU, der auf spezifisch christliche Zielvorstellungen verzichtet – »kein Ästheten- und kein Theologentum, kein Mönch- und kein Evangelistentum haben wir zu entwickeln, sondern reines Menschentum« (1/5) – und auch er versteht die christliche Religion infolgedessen als ein Mittel, das in besonderer Weise geeignet ist, Humanität bzw. Autonomie zu erzeugen; vorausgesetzt, daß es dem RU gelingt, die objektive Religion in subjektive Religiosität zu verwandeln (1/21 ff). Da jedoch ausdrückliche Bezugnahmen auf Kabisch fehlen, ist die Frage, ob und inwiefern er die Religionsdidaktik der Gegenwart inspiriert hat, offen zu lassen[1]. Mit Sicherheit gilt dies aber von der »Evangelischen Unterweisung« und dem »Hermeneutischen Religionsunterricht«.

I. Die »Evangelische Unterweisung« (H. Kittel)

Die Programmschrift dieser religionsdidaktischen Konzeption bildet Kittels 1947 veröffentlichtes Buch »Vom Religionsunterricht zur Evangelischen Unterweisung«. Daß es Gedanken aufgreift und weiterführt, die zuvor von anderen – in erster Linie von G. Bohne und O. Hammelsbeck[2] – vorgetragen worden waren, ist nicht zu bezweifeln. Aus diesem Grunde vermag die Behauptung, diese Theorie entspringe den Erfahrungen und Einsichten des Kirchenkampfs (1933–45), keineswegs zu überzeugen[3]. Ihr dominanter Prägefaktor ist nicht situativer, son-

[1] Nicht eindeutig identifizierbar ist auch die Nachwirkung der fachdidaktischen Programme, die nach dem 1. Weltkrieg im RU dominierten. Daß insbesondere der »lebenskundliche Religionsunterricht« O. Eberhards und H. Schlemmers zahlreiche Analogien zum heutigen problemorientierten RU aufweist, hat M. L. Kling-de Lazzer deutlich gemacht (Religionsunterricht und Lebenspraxis, Vorstufen des thematisch-problemorientierten Religionsunterrichts in der Zeit der Reformpädagogik, Inaugural-Dissertation Tübingen 1978).

[2] G. Bohne: Das Wort Gottes und der Unterricht, 1929; O. Hammelsbeck: Der biblische Unterricht, 1939.

[3] Diese These vertreten u. a. G. Otto (Schule und Religion, 1972, S. 103 ff)

dern theologischer Art. Dies zeigt sich besonders deutlich an den Prämissen, die ihr zugrundeliegen: der Ablehnung restaurativer Bestrebungen und der Befürwortung eines RU, dessen Sachmitte das Evangelium von Jesus Christus ist. Im Unterschied zu M. Rang[4], der dem Schüler die Kirche als geistige Heimat eröffnen will und darum kirchlichen Einfluß auf die Erziehung fordert, ist Kittel überzeugt, daß die Zeit der Volkskirche unwiderruflich vergangen und jeder Restaurationsversuch zum Scheitern verurteilt ist. Was Gesellschaft und Schule brauchen, ist nicht die Autorität der Kirche, sondern die Autorität des Wortes Gottes. Denn das Evangelium stellt ein Ferment dar, das innerweltliche Bindungen und Abhängigkeiten aufzulösen und wahre Freiheit zu eröffnen vermag. Recht verstanden können Gesellschaft und Schule deshalb um ihrer Autonomie willen nicht darauf verzichten, daß in ihrer Mitte die kritische Stimme des Wortes Gottes laut wird. Die ideologiekritische Funktion des Evangeliums ist es somit, die den schulischen RU als unentbehrlich erscheinen läßt. Dies gilt für Kittel freilich nur solange, wie der Staat gewillt ist, die Sache des RU im Raum der Schule zu Wort kommen zu lassen. Geht es um die Frage der Berechtigung des schulischen RU, so beruft sich diese Theorie vorrangig, wenn nicht ausschließlich, auf die verfassungsrechtlichen Garantien; eine schulpädagogische Begründung hierfür wird nicht gegeben.
Von diesen Voraussetzungen ausgehend, entwickelt Kittel 1947 seine Konzeption der »Evangelischen Unterweisung«, die er in seinem Hauptwerk »Evangelische Religionspädagogik« (1970) ohne erkennbare Modifikationen weiter entfaltet hat. Dort wie hier lautet seine Grundthese: »Evangelische Unterweisung ist Unterweisung im rechten Umgang mit dem Evangelium« (2/10). Was darunter zu verstehen ist und welche Folgerungen sich daraus ergeben, soll unter dem Aspekt der Inhalte, der Ziele und Verfahren sowie der institutionellen Verankerung des RU skizziert werden.

A. Die Inhalte

Sein eigentlicher Gegenstand ist das Zeugnis der Propheten, Evangelisten und Apostel von Jesus Christus: »Die Sache des Evangeliums

und H. J. Dörger (Religionsunterricht in der Schule, 1977, S. 9 ff). Gegen diese Ableitung hat G. Kittel mit Recht Einspruch erhoben (P. C. Bloth, K. Bornkamm, R. Fischer, E. Hübner, Hg.: Mutuum Colloquium, 1972, S. 179 ff).

[4] M. Rang: Handbuch für den biblischen Unterricht, 1947.

ist identisch mit der Person Jesus Christus. Er, der nicht nur war, sondern auch ist, der nicht nur über das Heil spricht, sondern das Heil bringt, der nicht neue Forderungen Gottes äußert, sondern schrankenlose Vergebung realisiert, ist der zentrale Gegenstand der Evangelischen Unterweisung« (3/298). Der RU hat es demnach mit einer lebendigen Person zu tun, die im Namen Gottes Heil und Vergebung schenkt. Freilich spricht dieses Evangelium, das Jesus Christus heißt, nicht unmittelbar, sondern vermittelt durch das biblische Zeugnis zum Menschen. Wer es heute zur Sprache bringen will, muß deshalb die biblischen Texte – verstanden als »Mittler-Texte des Evangeliums« (3/298) – zur Sprache bringen.

B. Die Ziele und Verfahren

Wie sieht der »rechte Umgang« (2/10) mit dieser Sache aus? Nicht sachgemäß wäre er, wenn das biblische Zeugnis objektiv und distanziert vermittelt und seine Funktion lediglich in der historischen Belehrung, sittlichen Bildung und weltanschaulichen Information gesehen würde. Vielmehr kommt alles darauf an, daß die Schüler in diesen Texten Gottes persönlichen Anruf vernehmen und erkennen, daß Gott vergibt, aber auch die Kraft gewährt, seiner Wegweisung zu folgen (2/53). Methodisches Ziel des RU ist es somit, den Heranwachsenden die Bibel als Gottes Wort zu erschließen und ihnen einen inneren Kontakt mit dem Anspruch und Zuspruch dieses Wortes zu verschaffen (2/12). Dabei ist allerdings zu beachten, daß Kittel in diesem Zusammenhang dem unterrichtlichen Gebet – verstanden als Bitte um den Heiligen Geist – eine wichtige Rolle zuschreibt. Er weiß, daß es letztlich nicht die methodisch-psychologische Kunst des Lehrers, sondern Gottes Geist ist, der dem Schüler die Bibel als persönliche Anrede erschließt. Aus diesem Grunde sind für ihn Gebet und Andacht konstitutive Elemente des RU. Wenn Lehrer und Schüler ihre Beschäftigung mit biblischen Texten betend beginnen, so heißt dies: sie bekennen damit vor Gott, was ihnen fehlt, und sie bitten damit zugleich Gott, daß er diesen Mangel behebt und ihnen sein Wort zur heilsamen Wahrheit werden läßt, d. h. sie innerlich öffnet und aufnahmebereit für seinen Anspruch und Zuspruch macht (2/12.20). Zweifellos ist Kittel weit davon entfernt, die Heranwachsenden zu bedrängen; eher ist zu befürchten, daß auf diese Weise die Vermittlungsproblematik übersprungen und bereits dort vom Heiligen Geist gesprochen wird, wo der Lehrer eigentlich auf Mittel und Wege sinnen müßte, die geeignet sind, das Evangelium verständlich zu machen. Auch

in neueren Veröffentlichungen ist dies nicht grundsätzlich, sondern lediglich terminologisch anders; an die Stelle des Heiligen Geistes ist hier die »Selbstaussagekraft der Sache« (4/81) getreten. Offensichtlich steht auch hier die Vorstellung dahinter, daß sich das Evangelium von sich aus Gehör verschafft, wenn es verkündigt wird.
Wie weit die Relativierung von Methodenfragen geht, ist freilich nicht sicher zu entscheiden. Feststeht immerhin zweierlei: einmal, daß alle methodischen Erwägungen und Entscheidungen im Dienste der theologischen Sache stehen und sich an ihr orientieren müssen; und zum andern, daß Kittel über diese Forderung der Sach- bzw. Evangeliumsgemäßheit der Methode noch hinausgeht und methodische Probleme ausdrücklich als zweitrangig einstuft. Seiner Meinung nach kommt alles darauf an, daß der Religionslehrer erfaßt und erfährt, »was Gott hier zu mir und meinen Kindern redet«; ist dies der Fall, »macht es dem Lehrer keine unbezwingbare Sorge mehr, den biblischen Text recht zu lehren; das geht dann grundsätzlich nach der Regel: Wes das Herz voll ist, des geht der Mund über« (2/24). Da in späteren Veröffentlichungen jedoch davor gewarnt wird, Pneumatologie und Methodologie gegeneinander auszuspielen (3/350 ff), ist anzunehmen, daß er Methodenfragen nicht bagatellisieren, sondern lediglich den Sachfragen eine klare Priorität geben, bzw. unterstreichen will, daß die Brauchbarkeit von Methoden davon abhängt, ob sie imstande sind, den Schüler in eine innere Auseinandersetzung mit dem Anspruch und Zuspruch des Wortes Gottes zu verwickeln[5].

C. Das Verhältnis zu Kirche und Schule

Das Verhältnis zu beiden Institutionen wird zumindest zu Beginn der siebziger Jahre ausgesprochen kritisch bestimmt. Was die Kirche betrifft, so betont Kittel zwar, daß der RU »nur von der Kirche her« und »auf die Kirche zu« (2/30 f) existieren kann, d. h. faktisch aus den geistlichen Kräften der Kirche lebt und deshalb faktisch auch für die Kirche arbeitet. Diese positive Zuordnung gilt freilich lediglich insofern, als unter Kirche eine geistliche Realität verstanden wird; zur Institution Kirche dagegen, insbesondere zu den Kirchenämtern, die Schulpolitik machen, hat dieser RU ein gespanntes Verhältnis. Ihnen wirft Kittel vor, im Zuge der kirchlichen Restauration nach dem 2. Weltkrieg den RU zu einem »Exerzitium der Unfreiheit« (4/19) für Lehrer und

[5] Diesen Tenor trägt auch Kittels Gespräch mit der Reformpädagogik (Studien zu Religionspädagogik und Lehrerbildung, 1968, S. 41 ff).

Schüler gemacht und durch die Bindung dieses Unterrichts an Bekenntnisformeln den freien Umgang mit dem Evangelium gefährdet zu haben. Folgerichtigerweise fordert er deshalb dazu auf, die Bindung des RU an die Institution Kirche aufzuheben und die Verantwortung für ihn der Religionslehrerschaft zu übertragen. Aus der Sorge um die Wirkungsmöglichkeit des Evangeliums plädiert Kittel auch für eine Selbständigkeit dieses Fachs gegenüber der Institution Schule und ihrem Selbstverständnis. Während er in den fünfziger Jahren die Freiheit des RU durch ein bürgerlich-idealistisches Bildungssystem bedroht sah, das, weil weltanschaulich geartet, die Wirklichkeit entstellte und auf das ganze Schulleben ein gesetzliches Joch legte (2/26 ff), sieht er 1970 die Schulfreiheit durch ein technokratisches Schulsystem bedroht (4/38 ff). In Auseinandersetzung mit Th. Wilhelms »Theorie der Schule« (1969) gibt er nunmehr zu bedenken, daß es in einer Schule, der es lediglich um die Vermittlung von methodischem Können und formalen Fertigkeiten zu tun ist, notwendigerweise zu einer Funktionalisierung der Unterrichtsgegenstände komme und der Schüler in ihr nicht mehr die Möglichkeit erhalte, den Sachen selber zu begegnen und ihre Selbstaussagekraft bzw. ihre Wahrheit, zu erfahren; damit aber fördere die Schule die Anpassung des jungen Menschen an die Normen der technokratischen Leistungsgesellschaft, statt ihm kritische Maßstäbe für den Umgang mit ihr an die Hand zu geben[6].

Was eingangs bereits anklang, ist jetzt deutlicher geworden: die »Evangelische Unterweisung« versteht sich als ideologiekritische Kraft im Kontext von Schule und Gesellschaft. Allerdings ist diese Ideologiekritik streng theologisch begründet und benutzt einerseits das 1. Gebot, andererseits das biblische Menschenbild als Maßstab, an dem sie die bestehenden Verhältnisse mißt; ihr positives Ziel ist die Sicherstellung des rechten Umgangs mit dem Evangelium. Die damit zusammenhängende Frage, ob ein konsequent biblisch und theologisch ausgerichteter RU, wie dieser, in einer Schule, die unter den Bedingungen des weltanschaulichen Pluralismus steht, allen Schülern zugemutet werden kann, hat Kittel zunehmend verneint und schließlich dafür plädiert, neben diesem Unterricht eine »nicht-konfessionelle Religionskunde« (4/70) einzuführen. Daß Kittel diese Konsequenz ziehen muß, um die »Evangelische Unterweisung« als schulisch vertretbar bezeichnen zu können, ist ein Zeichen dafür, daß diese Theorie zwar

[6] Demselben Motiv entspringt die Kritik I. Baldermanns und G. Kittels an der Curriculumtheorie (I. Baldermann, G. Kittel): Die Sache des Religionsunterrichts, 1 75, S. 53 ff,80 ff, 94 ff).

sachgemäß ist, aber pädagogische Defizite aufweist. Um welche Mängel es sich dabei handelt, hat besonders deutlich der »Hermeneutische Religionsunterricht« gesehen und herausgestellt.

II. Der »Hermeneutische Religionsunterricht« (M. Stallmann)

Neben G. Otto hat vor allem Stallmann das Verdienst, Ende der fünfziger Jahre eine religionsdidaktische Konzeption vorgelegt zu haben, die sich zumindest in drei Punkten von der Theorie der »Evangelischen Unterweisung« unterschied. Die Hauptdifferenz ist sicherlich darin zu sehen, daß der RU nunmehr eine schulpädagogische Begründung erhält. Während Kittel ihn in bewußtem Gegensatz zu den Leitbildern der Schule konzipierte und damit die Gefahr heraufbeschwor, daß er von Lehrern und Schülern als Fremdkörper empfunden wurde, bzw. in den Verdacht geriet, der politischen Macht der Kirchen sein schulisches Dasein zu verdanken, ist Stallmann darauf bedacht, ihn dem Selbstverständnis und der Zielsetzung der Schule zu integrieren und damit als ein Fach auszuweisen, das in ihr ein pädagogisches Heimatrecht hat. Ein weiterer Unterschied betrifft den unterrichtlichen Umgang mit den biblischen Texten. Im Gegensatz zu Kittel, der die Frage, wie ihre Wahrheit den Schülern zugänglich gemacht werden kann, weitgehend ausklammerte, bzw. mit dem Hinweis auf die wirksame Gegenwart des Heiligen Geistes und die Selbstaussagekraft der Sache beantwortete, ist Stallmann daran interessiert, die Bibeltexte mittels historisch-kritischer Analyse und existentialer Interpretation so zum Sprechen zu bringen, daß Heranwachsende das, was sie sagen wollen, ihr Kerygma, zu verstehen vermögen. Daraus ergibt sich schließlich ein dritter, wenn auch weniger gewichtiger Differenzpunkt. Indem Stallmann im Verstehen das methodische Ziel des RU erblickt, tritt er dem seither vorherrschenden Eindruck entgegen, als fordere der Unterricht vom Schüler einen blinden Gehorsam gegenüber den Aussagen biblischer Texte, und stellt klar, daß auch der RU an die Einsicht appelliert und auf freie Zustimmung bedacht ist. Diese in der Tat erheblichen Unterschiede können aber nicht darüber hinwegtäuschen, daß Stallmanns Theorie, ebenso wie die Ottos, nicht etwas grundlegend Neues darstellt, sondern in Wirklichkeit das Konzept der »Evangelischen Unterweisung« modifiziert und weiterbildet. Denn auch für ihn ist die stoffliche Mittelpunktstellung der Bibel selbstverständlich und auch ihm ist wesentlich daran gelegen, das biblische Zeugnis dem Heranwachsenden als verbindliche Anrede nahezubringen.

A. Die schulpädagogische Begründung

Die Frage, ob der RU einen substantiellen Beitrag zur Erfüllung der Aufgabe zu leisten vermag, die die Schule der heranwachsenden Generation gegenüber hat, bildet ein zentrales Motiv dieser Theorie.
Mit Sorge konstatiert Stallmann, daß die Schule sich immer stärker als Stätte der Ausbildung und immer weniger als Ort der Erziehung versteht. Die gesellschaftlichen Bedürfnisse nach leistungsfähigen Kräften und die Wünsche des einzelnen nach einer möglichst günstigen Ausgangsposition für den sozialen Wettbewerb prägen in seinen Augen das Gesicht der heutigen Schule und drängen sie dazu, in der Förderung der Berufstüchtigkeit und in der Steigerung der Leistungsfähigkeit die Richtschnur ihrer Arbeit zu erblicken. Sie vermittelt zwar »sachliche Belehrung« und »nützliche Kenntnisse« (7/19), nicht aber Einsichten und Erfahrungen, die das Verantwortungsbewußtsein ausbilden und den Schüler befähigen, sich dem gesellschaftlichen Trend entgegenzustellen und sich als mündiger Mensch zu erweisen. Im Blick auf diese Schule, die »entideologisierte Leistungsschule« (7/19), kann selbstverständlich keine Rede davon sein, daß der RU in ihr eine plausible oder gar notwendige Funktion besitzt.
Eine Schule, die sich durch ihre Leistung zum Nutzen der Gesellschaft hinreichend legitimiert fühlt, bleibt jedoch sowohl der Gesellschaft als auch dem jungen Menschen das Entscheidende schuldig und vernachlässigt weitgehend ihre erzieherische Pflicht. Recht verstanden ist es ihre Aufgabe, »Mut zu verantwortlicher Freiheit« (7/20) zu wecken, bzw. dem Heranwachsenden »einen Weg zur Freiheit und zur Verantwortung« (7/22) zu zeigen. Aus diesem Grunde darf sie sich nicht mit dem Erklären der Welt, in der der Schüler lebt, begnügen, sondern muß deren Verstehen intendieren. Sie verständlich machen, heißt, dem Heranwachsenden zu Bewußtsein bringen, daß die Verhältnisse, die er heute vorfindet, Niederschläge dessen sind, wie frühere Generationen die Herausforderungen ihrer Zeit – die Grundfragen menschlichen Daseins, aber auch die vielfältigen Probleme ihres Alltags – beantwortet und bewältig haben. Die Vermittlung dieser Einsicht in das geschichtliche Gewordensein des Vorhandenen, bzw. in den Traditionscharakter gegenwärtiger Lebenswelt ist freilich kein Selbstzweck, sondern dient dazu, dem Schüler die Verantwortung vor Augen zu stellen, die er hinsichtlich seines eigenen Lebensvollzugs und gegenüber

den bestehenden Verhältnissen hat, und ihn zur Wahrnehmung dieser Verantwortung, zur Realisierung der Freiheit, zu der er berufen ist, zu ermutigen (7/23). Zu einer Schule, die dieses Ziel der Gewissensschärfung und der Mobilisierung verfolgt und damit ihre erzieherische Aufgabe ernst nimmt, hat der RU eine ungleich engere Beziehung; mit ihr kann er sich zum Kampf gegen den gemeinsamen Gegner – den technokratischen Positivismus und Pragmatismus – verbünden und sie bei diesem Kampf wirksam unterstützen.

B. Die Ziele und Aufgaben

Will der RU der Schule helfen, ihren Erziehungsauftrag zu erfüllen, so muß er dem Heranwachsenden den Zugang zur biblisch-christlichen Tradition eröffnen und ihm diese so erschließen, daß er sie versteht. Ein Verständlichmachen ist allerdings nur dann möglich, wenn der RU diese Überlieferung weder als dogmatisch-ethisches System noch als Kompendium von Heilstatsachen auffaßt, sondern in ihr Dokumente sieht, die bekunden, »wie Menschen in unerbittlicher Strenge nach sich selbst gefragt wurden und wie sie darauf geantwortet haben«, nämlich so, daß sie sich dabei auf den göttlichen Zuspruch eines Wortes beriefen, »das in der Geschichte Jesu von Nazareth seinen Anfang nahm« (7/25). Die biblisch-christliche Tradition ist demnach, soll sie dem Schüler einsichtig werden, nicht als dogmatisch-ethische oder historische Information in den Unterricht einzubringen, sondern auf das in ihr wirksame Existenzverständnis hin zu interpretieren: »Christentum wäre also auszulegen als diese immer wieder neu und anders sich aussprechende Zuversicht, mit der Menschen unter Berufung auf solche worthafte Ermächtigung hin behauptet haben, mit dem im Gewissen vernommenen, unendlichen Gefordertsein leben zu können, und mit der Menschen solches Leben als das eigentlich menschliche gepriesen haben« (7/25). Auf diese Weise wird dem Heranwachsenden einerseits das eigene Gefragtsein bzw. die Fragwürdigkeit seiner selbst, andererseits aber auch »die eigentümliche Natur jener Ermächtigung« (7/26) bewußt gemacht, von der aus in Bibel und Christentum menschliches Leben verantwortet wird. Der Schüler entdeckt dann zugleich, daß die Antwort, die hier auf die Herausforderungen des Daseins gegeben wird, nicht aus Selbstbehauptung und Selbstsicherheit erwächst, sondern aus dem Vertrauen auf Jesus als dem »Bürgen für die rettende Nähe Gottes« (7/32). Ein RU, der die Tradition existential interpretiert, stellt den jungen Menschen zwar nicht ausdrücklich in die Glaubensentscheidung, ruft in ihm aber doch die Frage wach, »ob und wo er heute dem

Evangelium als einer Kraft Gottes begegnen könnte« (7/30). Insofern zielt dieser Unterricht sowohl darauf, »den sittlichen Ernst für die Frage nach sich selbst zu mobilisieren«, als auch darauf, die Wahrheit des christlichen Glaubens als Antwort auf diese Frage anzubieten und in ihrer Bedeutung einsichtig zu machen (7/60).

C. Die Verfahren

Zum Verstehen der biblischen Überlieferung und ihrer existentiellen Relevanz kommt es jedoch nur, wenn diese Texte historisch-kritisch ausgelegt und die Ergebnisse und Methoden heutiger Bibelwissenschaft ernsthaft berücksichtigt werden. Sicherlich denkt Stallmann nicht an die Vermittlung differenzierten Fachwissens und die Befähigung zu exegetischer Kompetenz; immerhin ist es ihm aber darum zu tun, elementare Einsichten dieser Wissenschaft an den Schüler weiterzugeben. Denn soll dieser nicht an der falschen Stelle – am biblischen Welt- und Geschichtsbild – Anstoß nehmen, sondern mit der eigentlichen Intention dieser Texte, ihrem Kerygma, in Berührung kommen, so muß er zumindest wissen, daß ihr Wahrheitsgehalt nicht auf der Ebene der Naturerklärung und der Geschichtsdarstellung, sondern im existentiellen Bereich liegt; darin, daß sich in ihnen ein bestimmtes Verständnis menschlichen Lebens und der Welt ausspricht, das den Anspruch erhebt, zutiefst human zu sein. Um diese für das Verhältnis des Heranwachsenden zu Glaubensdingen entscheidende Einsicht zu vermitteln, muß bei der Auslegung von Traditionsstoffen somit zwischen dem, was sie sagen, und dem, was sie meinen, sorgfältig unterschieden und deutlich gemacht werden, daß ihre Vorstellungs- und Denkformen, weil zeitbedingt, der Vergangenheit angehören, bzw. daß sie, recht verstanden, davon handeln, wie Menschen kraft ihres Glaubens mit der Welt, dem Schicksal und sich selbst fertig geworden sind.
Auch ein RU, der in dieser Weise die Bibel auslegt, bekommt es mit Gott zu tun; denn Gott ist für die biblischen Zeugen der Realgrund ihrer Existenz. Allerdings kommt es auch an dieser Stelle darauf an, dem Heranwachsenden den existentialen Sinn dieses Wortes zu erschließen und es so zur Sprache zu bringen, daß der Schüler es als persönliche Anrede versteht. In diesem Falle heißt existentiale Interpretation, den Heranwachsenden auf Erfahrungen der Fraglichkeit hinweisen und ihm Situationen zeigen, in denen Menschen ihre alltägliche Welt nicht anzunehmen vermögen, mit ihrem Schicksal unversöhnt bleiben und sich selbst nicht mehr verstehen (7/47). In diesen Erfahrungen begegnet dem Menschen Gott als das, was ihn

unbedingt angeht, d. h. als eine Wirklichkeit, die in ihm die Frage nach sich selbst weckt. Entscheidend ist freilich, daß Stallmann dabei keineswegs stehenbleibt, sondern dieses existential-anthropologische Erfahrungsphänomen vom biblischen Gotteszeugnis her kritisch befragt. Diese Rückfrage ist deshalb unerläßlich, weil die biblische Rede von Gott – das Wort Gottes, das im Unterricht ausgelegt wird – faktisch keine fragende Offenheit, sondern eine »religiöse Situation« (7/48), d. h. selbstsichere Verschlossenheit vorfindet; faktisch hat diese Grundfrage immer schon eine Antwort weltanschaulich-ideologischer Art gefunden, die sie zum Verstummen brachte. Aus diesem Grunde kann »die christliche Rede von Gott Wahrheit und Verbindlichkeit nur gewinnen durch das, was sie wirkt: wenn in ihr die Anrede, das Wort Gottes, den Menschen für seine Fraglichkeit aufschließt, ihn von den religiösen Antworten löst und ihn für das öffnet, was von Gott her auf ihn zukommt« (7/48). Gefordert ist damit ein »fragender Unterricht«, d. h. ein RU, »der den Schüler nach seiner Religion fragt; nicht um ihn in dieser zu bestätigen, sondern um ihn im Gegenüber zur Religion verstehen zu lassen, was Glaube ist« (7/49), nämlich das Vertrauen, das aus der Zusage des Evangeliums, von Gott angenommen zu sein, lebt, obwohl Sinne und Erfahrung dieser Zusage widersprechen. So gewiß also Stallmann einerseits an einen allgemeinmenschlichen Sachverhalt anknüpft, so gewiß ist andererseits, daß er dieses Datum, das sich konkret stets in fixierter Gestalt präsentiert, vom Wort Gottes her in Frage stellt.

D. Zusammenfassung und Kritik

Indem Stallmann den RU als einen Unterricht definiert, der ein Verstehen menschlicher Existenz im Dialog mit der biblisch-christlichen Überlieferung intendiert, integriert er ihn dem Selbstverständnis und der Zielsetzung der Schule. Der Verdacht, daß dabei der RU der Schule angepaßt und in seiner Eigenart nivelliert wird, ist unbegründet; eher ist zu fragen, ob Stallmanns Bild von der Schule nicht vom Selbstverständnis und der Zielsetzung des RU her entworfen wurde und insofern unrealistisch ist. Angesichts der Pluralität heutiger Schultheorien ist es aussichtslos, die pädagogische Notwendigkeit schulischen RU erweisen zu wollen. Das Anliegen als solches – das Interesse, den RU auch schulisch zu begründen – ist jedoch berechtigt und legitim. Was Stallmanns Vorstellungen vom RU betrifft, so ist ihre Grenze in der individualisierenden Engführung der Schülerwirklichkeit zu sehen, bzw. darin, daß sie die Relevanz des christlichen Glaubens für die interpersonalen und sozialen Bezüge nicht zu verdeutlichen vermögen. Stallmanns hermeneutischen Ansatz dagegen, sowie sein Bemühen um ein wissenschaftsgeleitetes Verständlichmachen des biblischen Glaubenszeugnisses, gehört zu jenen Elementen, auf die auch ein RU, der nicht die christliche Tradition, sondern die Erfahrungswelt des Schülers als sein vorrangiges Gegenstandsfeld betrachtet, nicht verzichten kann.

III. Die Anfänge des »Problemorientierten Religionsunterrichts«

Um die heutigen religionsdidaktischen Theorien zutreffend einordnen zu können, ist auch noch an die »kopernikanische Wende« zu erinnern, die sich nach 1967 in Theorie und Praxis des RU vollzog[7].

Betroffen waren davon zunächst die seitherigen Inhalte dieses Fachs. Die traditionelle Mittelpunktstellung der Bibel – von H. B. Kaufmann bereits 1966 kritisiert – erschien nunmehr als ein »Selbstmißverständnis«, das weder theologisch noch pädagogisch zu rechtfertigen ist (8/23). An ihre Stelle traten jetzt Stoffe, die der Selbst- und Welterfahrung des Schülers entstammten und seine Fragen und Erwartungen individueller und sozialer Art widerspiegelten; biblische Elemente schieden in der Regel zwar nicht vollständig aus, rückten aber deutlich an die Peripherie. Mit diesem Umbruch auf der Inhaltsebene verband sich folgerichtigerweise eine Abkehr von den Zielen und Grundsätzen des bisherigen RU. War dieser – von der Voraussetzung ausgehend, daß Bibel und christlicher Glaube die normative Mitte des RU darstellen – darauf bedacht gewesen, die Heranwachsenden zum Einverständnis mit den biblisch-christlichen Grundaussagen und Lebensformen zu bewegen, so erhielten diese Elemente und Aspekte nunmehr die Funktion eines Orientierungsangebots, das zusammen mit anderen, nichtchristlichen Angeboten den Schüler zu einer selbständigen Urteilsbildung

[7] Die Faktoren, die diesen Umbruch bewirkten, sind z. T. unterrichtspraktischer Natur (Schülerkritik am seitherigen RU), z. T. schulpädagogischer Art (Curriculumtheorie, bzw. Programm der Lernzielorientierung); Anstöße hierzu gingen auch von der systematischen Theologie aus (Abwendung von der »Dialektischen Theologie« bzw. der Existenztheologie und Orientierung am Religionsbegriff P. Tillichs). Vgl. dazu u. a.: H. Grosch: Religionspädagogik am Scheideweg, 1974, S. 15 ff; G. Klages: Die Bibel im Religionsunterricht 1973 (Radikale Mitte Bd. 7), 1974, S. 43 ff. Auf katholischer Seite waren die Arbeiten von H. Halbfas bahnbrechend und wegweisend (Fundamentalkatechetik, 1968; Aufklärung und Widerstand, 1971).

und Verhaltensausrichtung befähigen soll. Im Bereich unterrichtlicher Verfahren schließlich wurden Verkündigung und Auslegung bzw. existentiale Interpretation durch das didaktische Prinzip des offenen Dialogs ersetzt; dadurch sollte sichergestellt werden, daß auch in der Praxis die normative Pluralität und der rein orientierende Charakter dieses Unterrichts beachtet und ernstgenommen wird.
In der Folgezeit – nach 1970 – wurden diese Impulse in sehr unterschiedlicher Weise aufgenommen und verarbeitet. Wenn dies am Beispiel S. Vierzigs, D. Stoodts und H. Schmidts aufgezeigt wird, dann darf darüber freilich nicht vergessen werden, daß deren Intentionen auch von anderen Fachdidaktikern vertreten werden. Vierzigs Theorie z. B. kommt den Vorstellungen, die G. Otto, H. J. Dörger und J. Lott vom RU haben, sehr nahe[8], während Schmidts Konzeption sich zumindest in grundsätzlicher Hinsicht mit der I. Baldermanns und G. Kittels berührt[9], vor allem aber Gedanken aufgreift, die K. E. Nipkow schon früher geäußert hat[10].

[8] G. Otto, H. J. Dörger, J. Lott: Neues Handbuch des Religionsunterrichts, 1972; H. J. Dörger: Religionsunterricht in der Schule, 1976; H. J. Dörger, J. Lott, G. Otto: Einführung in die Religionspädagogik, 1977.

[9] I. Baldermann: Der biblische Unterricht, 1969; I. Baldermann, G. Kittel: Die Sache des Religionsunterrichts, 1975.

[10] K. E. Nipkow: Schule und Religionsunterricht im Wandel, 1971, bes. S. 236 ff; Grundfragen der Religionspädagogik (2 Bde.), 1975, bes. Bd. 1, S. 129 ff, Bd. 2, S. 89 ff.

2. Teil

Die Religionsdidaktik Siegfried Vierzigs

Literatur:

(1) Lernziele des Religionsunterrichts (Informationen zum Religionsunterricht 1970 H. 1/2, S. 5 ff)
(2) Religion und Emanzipation (Informationen zum Religionsunterricht 1970 H. 3/4, S. 4 ff)
(3) Der Religionsunterricht im Kreuzverhör der Gesellschaft (Informationen zum Religionsunterricht 1971 H. 2, S. 2 ff)
(4) Das Bedürfnis nach Religion (in: N. Schneider, Hg.: Religionsunterricht – Konflikte und Konzepte, 1971, S. 23 ff)
(5) Der Schüler im Religionsunterricht (Informationen zum Religionsunterricht 1972 H. 2, S. 1 ff)
(6) Das Normenproblem in der Religionspädagogik (Informationen zum Religionsunterricht 1973 H. 1, S. 1 ff)
(7) Ideologiekritik und Religionsunterricht, 1975

Die Zitate werden in der Weise belegt, daß die erste Zahl die zitierte Literatur, die zweite die Seitenzahl angibt.

Vierzig – seit 1973 Professor für Religionspädagogik an der Universität Oldenburg, zuvor Leiter des Pädagogisch-Theologischen Instituts Kassel – hat durch Abhandlungen, die zumeist in der Zeitschrift »Informationen zum Religionsunterricht« veröffentlicht wurden, die Entwicklung des problemorientierten RU stark beeinflußt. Die 1975 erschienene Arbeit über »Ideologiekritik und Religionsunterricht«, die gewichtigste Publikation des Autors, stellt einerseits eine Wiederholung bzw. Präzisierung bereits früher geäußerter Gedanken dar; in erster Linie des Gedankens, daß der RU ein rein schulisches, allein auf die Emanzipation des Heranwachsenden bedachtes Fach ist. Auf der andern Seite signalisiert dieses Buch – bedingt durch die sich seit 1973 anbahnende Orientierung an der Sozialphilosophie der Frankfurter Schule (Adorno, Horkheimer, Habermas) – etwas Neues, das sich an zwei Stellen besonders deutlich zeigt: an der Neubestimmung der normativen Prämissen im Sinne dieser »Kritischen Theorie«, und, damit zusammenhängend, an der Verknüpfung des Emanzipationsbegriffs mit dem Begriff der Ideologiekritik.

I. Die ursprüngliche Konzeption

In den aus den Jahren 1970 und 1971 stammenden Veröffentlichungen, in denen dieser Einfluß noch nicht spürbar ist, zeichnet Vierzig das Bild eines RU, der sich als »selbstloser Dienst« der Kirche an Schülern versteht (3/6). Als solcher verfolgt der RU keine kirchlichen Interessen, sondern ausschließlich pädagogische Ziele; vor allem dies, den Schüler zu »selbständigem und verantwortlichem Bewältigen seiner Lebenssituationen« zu befähigen (3/5). Dieses Interesse, nicht nur Berufsausbildung zu betreiben, sondern dem Heranwachsenden Lebenshilfe zuteil werden zu lassen, ist in Vierzigs Augen auch in der Schulpädagogik lebendig: auch sie intendiert die Befreiung von Abhängigkeiten und die Ermöglichung echter Selbstbestimmung; auch sie weiß, daß nur durch einen emanzipatorisch ausgerichteten Unterricht jene Qualifikationen vermittelt werden können, die nötig sind, um die Lebensverhältnisse zu humanisieren. Zur Verwirklichung dieses gemeinsamen Leitbildes der Emanzipation leistet der RU insofern einen wichtigen Beitrag, als er diejenigen Lebenssituationen aufarbeitet, in denen die Frage nach einem tragenden Lebenssinn und einer klaren Handlungsorientierung – die religiöse Frage – laut wird: die Entscheidungs- und Konfliktsituationen.

A. Die Ziele des Religionsunterrichts

Sie in emanzipatorischer Absicht aufarbeiten, heißt, wie die Globalzieldefinition von 1970 deutlich macht, dem Heranwachsenden zwei Fähigkeiten vermitteln: einmal die Fähigkeit, in diesen Entscheidungs- und Konfliktsituationen »die religöse Frage zu stellen«, und zum andern die Fähigkeit, »in Auseinandersetzung mit vorgegebenen Antworten ... zu einer eigenen Antwort zu kommen« (1/12).
Daß der Schüler lernen muß, die religiöse Frage – verstanden als Frage nach Sinn und Wert – bewußt zu stellen, hängt damit zusammen, daß er in der Regel sie überhaupt nicht als Problem empfindet, sondern der Meinung ist, mit Hilfe gängiger, in Familie und Gesellschaft üblicher Deutungs- und Verhaltensmuster seine Entscheidungen treffen und seine Konflikte lösen zu können. Da eine solche völlig unreflektierte Anpassung an Vorgegebenes aber pädagogisch und theologisch fragwürdig ist, nämlich eine Bedrohung seiner Menschlichkeit bedeutet (1/13), hat der RU dafür zu sorgen, daß die in diesen Situationen anklingende Frage nach dem Verläßlichen und Letztgülti-

gen tatsächlich vernommen und als Aufruf zu selbstverantworteter Lebensfundierung und Lebensgestaltung verstanden wird. Die Durchführung dieser Aufgabe, zu einer »religiösen Fragehaltung« zu befähigen (1/12), wird dem Unterrichtenden dadurch wesentlich erleichtert, daß sein Gegenüber von Natur aus Bedürfnisse in sich trägt, die in dieselbe Richtung weisen: das Verlangen nach einem sicheren Rückhalt und die Sehnsucht nach Freiheit und Unabhängigkeit von Fremdbestimmungen jeglicher Art. Um diese Saite zum Schwingen zu bringen und den Wunsch nach Identität bewußt zu machen, bedarf es deshalb keiner besonderen Anstrengungen; es genügt, diese Situationen zu verbalisieren und die gängigen und üblichen Strategien ihrer Bewältigung zu diskutieren und zu problematisieren. Noch einfacher liegen die Dinge in der Pubertätszeit und im Jugendalter. Hier sind diese Bedürfnisse bei vielen Schülern eine lebensbestimmende Macht und verhindern von sich aus eine fraglose Anpassung an die Sinn- und Wertnormen der Umwelt. Aber auch in diesem Falle, wo ein irrationaler Drang nach Sinn, Freiheit, Glück und Gemeinschaft sich mit einem Protest gegen alles Vorhandene verbindet, hat der RU eine wichtige, im Interesse der Gesellschaft liegende Aufgabe zu erfüllen: er muß dafür Sorge tragen, »daß dieses religiöse Fragen nicht zu kurzschlüssigen Antworten führt, sondern kritisch reflektiert wird« (4/30); d. h. daß die Lösungen, die der junge Mensch intendiert, nicht inhumanen Charakter annehmen, sondern ihm das einbringen, wonach er sich sehnt. Auch an dieser Stelle ist der RU somit ein Anwalt der Humanität.

Das Gesamtlernziel hat der Schüler allerdings erst dann erreicht, wenn er – neben der Fähigkeit, engagiert und doch besonnen nach dem Absoluten zu trachten – auch die Fähigkeit erwirbt, »zu einer eigenen Antwort zu kommen« (1/12). Der RU kann sich nicht damit begnügen, emanzipatorische Bedürfnisse zu wecken und – wo sie über die Ufer treten – zu kanalisieren; er muß diese Bedürfnisse vielmehr auch zu befriedigen suchen und den Heranwachsenden mit Sinn- und Wertsystemen vertraut machen, an denen er sich zu orientieren vermag; vorrangig mit der biblischen Botschaft, des weiteren aber auch mit religiösen und weltanschaulichen Traditionen nichtchristlicher Art.

B. Die Inhalte des Religionsunterrichts

Als Orientierungsangebote eignen sich diese Überlieferungen freilich nur dann, wenn sie das Bemühen des Unterrichts um Selbstbestimmung unterstützen und den Schüler zu dieser Haltung ermutigen und anleiten. Vor allen Dingen müssen sie ihm Modelle für gelungene Emanzipation an die Hand geben und ihm zeigen, wie in Entscheidungs- und Konfliktsituationen dem Konformitätsdruck der Umwelt widerstanden, Autonomie verwirklicht und das als wahr und gut Erkannte in die Tat umgesetzt werden kann. Nur solche Elemente, die diese Bedingung erfüllen, können im RU eine tragende Rolle spielen.

1. Christliche Gehalte

An diesem Maßstab der emanzipatorischen Effizienz ist selbstverständlich auch der christliche Glaube zu messen und damit auf seine Relevanz für den Unterricht hin zu überprüfen. Dabei ergibt sich, daß dieser Glaube ambivalenten Charakter trägt und sowohl die Möglichkeit, Emanzipation zu verhindern, als auch die Möglichkeit, Emanzipation zu fördern, in sich trägt (2/6 f). Wie seine Geschichte zeigt, kann er politische Systeme und gesellschaftliche Ordnungs- und Werttraditionen als gottgewollt sanktionieren – selbst dann, wenn sie sich längst überlebt haben; ich-schwache Individuen erzeugen – »unmündig, abhängig von nicht hinterfragbaren Autoritäten, unbeweglich, intolerant« (2/7) – und ein negatives Verhältnis zum wissenschaftlichen Denken haben. Er kann aber auch zum Motor politischer Veränderungen und zur Quelle neuer gesellschaftlicher Leitbilder werden; freie, unabhängige und dem Neuen gegenüber aufgeschlossene Menschen hervorbringen und, ohne einer naiven Wissenschaftsgläubigkeit zu verfallen, Anstöße zu wissenschaftlicher Weltbemächtigung und Weltverantwortung geben. Für welche Möglichkeit, christlichen Glauben zu verstehen und zu leben, sich der RU zu entscheiden hat, liegt auf der Hand. Er hat dem Heranwachsenden jene Elemente der Glaubensüberlieferung als Orientierungsdaten vorzulegen, die den Glauben als Verpflichtung verstehen, für die Befreiung des Menschen – für seine politische, gesellschaftliche, moralische und rationale Emanzipation – einzutreten. Ohne positive Bedeutung für den RU sind dagegen Überlieferungen, die im Glauben lediglich ein inneres Befreitwerden, eine auf das Bewußtsein beschränkte Emanzipation, sehen; denn diese Auffassung vom Glauben hat zur Folge, daß die natürlichen Freiheitsbedürfnisse, die auf eine reale Emanzipation zielen, negativ eingeschätzt und damit ihrer Wirkung beraubt werden.
Indem der RU sich für die emanzipatorischen Traditionen und Tendenzen des Christentums entscheidet, entscheidet er sich für das Neue Testament. Zwar ist auch in ihm »der Prozeß der Emanzipation nicht in allen Teilen durchgeführt« (2/5); Paulus z. B. wertet die Frau ab, betrachtet die Sexualität als notwendiges Übel und

verzichtet darauf, die Sklavenbefreiung politisch voranzutreiben. Aufs Ganze gesehen spiegelt sich darin aber doch ein »Sieg der Emanzipation« (2/5) wider. Vor allen Dingen gilt dies für Jesus, der – in der Gewißheit, dabei Gott auf seiner Seite zu haben – die Autonomie, »die Selbständigkeit des Menschen in Bezug auf sein Handeln« (2/5), forderte und diesem Postulat entsprechend lebte, indem er sich über die gesellschaftlichen Normen und Vorurteile seiner Zeit souverän hinwegsetzte. Zugleich proklamierte und praktizierte er aber aus derselben Gewißheit heraus neue, echt emanzipatorische Werte: die Ideen der Freiheit, Gleichheit und Brüderlichkeit (2/7). Damit stellt Jesus ein bis heute gültiges Vorbild emanzipatorischen Verhaltens dar; sein Leben ist das Modell, das besonders geeignet ist, dem Schüler zur richtigen Bewältigung der Entscheidungs- und Konfliktsituationen zu verhelfen, in die er gestellt ist.

2. *Nichtchristliche Stoffe*

Um dem Heranwachsenden eine eigene Antwort auf die Sinn- und Wertfrage zu ermöglichen, ist es freilich unerläßlich, ihn auch mit anderen Lebensmodellen vertraut zu machen. Er darf nicht einseitig informiert werden, sondern muß auch Sinndeutungen und Wertauffassungen kennenlernen, die kein christliches Profil haben und darum Weg und Ziel menschlicher Selbstbefreiung anders interpretieren. Der RU hat deshalb stets auch außerchriftliche Problemlösungsbeiträge zu thematisieren; in erster Linie wohl solche, die in der Lebenswelt des Schülers eine Rolle spielen. Dabei ist wichtig, daß ihre Wiedergabe im Unterricht unvoreingenommen und sachgemäß, d. h. ihrem Selbstverständnis entsprechend erfolgt und nicht von dem Interesse geleitet ist, die nichtchristlichen Positionen als weniger empfehlenswert erscheinen zu lassen (3/5). Denn ein solches Interesse steht im Widerspruch zum pädagogischen Ziel des RU. In ihm soll der Heranwachsende ja nicht im Sinne einer bestimmten Überzeugung beeinflußt und damit manipuliert werden, sondern Hilfe zur Selbstfindung und Selbstbestimmung erhalten. Ob Emanzipation gelingt, hängt somit wesentlich von der Art und Weise ab, wie diese Orientierungsangebote – christliche und außerchristliche – unterrichtlich vermittelt werden.

C. Die Verfahren des Religionsunterrichts

So wenig ein Unterricht bejaht werden kann, in dem Manipulation betrieben wird, so wenig stellt auf der anderen Seite eine konsequent neutrale, sich in sachgemäßer Information erschöpfende Vermittlung eine befriedigende Lösung des Problems dar. Auch in diesem Fall wäre der emanzipatorische Erfolg in Frage gestellt, da der Schüler dabei lediglich Kenntnisse empfangen, jedoch nicht zu einer persönlichen Auseinandersetzung mit diesen Sinnsystemen angeleitet würde und damit auch nicht die Möglichkeit erhielte, durch Identifikation mit einem dieser Angebote die erforderliche Selbständigkeit zu erlangen. Aus diesem Grund bedarf das an sich legitime Postulat, die Orientierungsmodelle nicht interessegeleitet, sondern objektiv zu vermitteln, der Ergänzung durch das Postulat, sie in wertender Absicht zu diskutieren. Durch einen »reflektierten Vergleich« (3/5) – mittels rationaler Argumente also, die Lehrer und Schüler vortragen – sollen diese divergierenden Modelle in ihrer Eigenart erhellt und auf ihre Brauchbarkeit und Tragfähigkeit für die Lebensbewältigung hin überprüft werden. Erst durch eine solche wertende Diskussion, in der sich jeder freimütig äußern und seine Meinung vertreten kann, kommt es zu einem echten Gespräch mit diesen Angeboten und damit möglicherweise auch zur Aneignung einer dieser Positionen aufgrund freier Entscheidung. Inwieweit das christliche Orientierungselement dabei zum Zuge kommt und die Schüler bereit sind, sich mit dem Verhalten Jesu zu identifizieren, ist maßgeblich bedingt durch »Sachkompetenz und Engagement des Lehrers« (3/5), d. h. durch seine Fähigkeit, die Bedeutung des Christlichen für die Entscheidungs- und Konfliktsituationen des Alltags überzeugend aufzuweisen und glaubwürdig zu vertreten. Die unterrichtliche Aufarbeitung von Lebenssituationen mit dem Ziel, dem Heranwachsenden zur Selbstbestimmung zu verhelfen, umfaßt demnach folgende Schwerpunkte:

- Sensibilisierung für die Frage nach dem Verläßlichen und Gültigen durch Problematisierung der Sinn- und Handlungsnormen, die in Familie und Gesellschaft gelten und Einstellung und Verhalten des Schülers prägen;
- Information über die Antworten, die die verschiedenen Weltanschauungsgruppen der Gesellschaft, insbesondere Christen, aufgrund ihrer jeweiligen Tradition auf diese Frage geben; vorausgesetzt, diese Antworten proklamieren und repräsentieren emanzipatorische Sinn- und Handlungsnormen, und
- Wertung und Überprüfung dieser Antworten in der Absicht, den Schüler zu selbständiger Stellungnahme bzw. reflektierter Identifikation zu befähigen.

Kennzeichnend für dieses ursprüngliche Konzept Vierzigs ist hauptsächlich die Vorstellung, daß Emanzipation erst durch Identifikation mit Tradition an ihr Ziel kommt. Zu diesem Zeitpunkt ist er offensichtlich noch der Meinung, daß der Heranwachsende nur durch aneignenden Umgang mit Überlieferungen, die für die Gegenwart Bedeutung haben – vorrangig der Jesusüberlieferung der Evangelien – die Anhaltspunkte erhält, die für seine eigene Lebensorientierung und Lebensgestaltung, soll sie das Vorzeichen der Autonomie tragen, unerläßlich sind. Wer frei werden und emanzipatorische Fähigkeiten wie kritische Rationalität, psychische Stabilität und Handlungskompetenz erwerben will, muß eine selbstgewählte Bindung eingehen und sich für ein Emanzipationsmodell der Tradition entscheiden. Insofern bildet die kritisch gesichtete Überlieferung primär biblischer Herkunft den Rückhalt und die Richtschnur auch für heutige Emanzipation.

D. Neue Motive und Tendenzen

Man hat den Eindruck, daß gerade diese für das bisherige Konzept charakteristische Vorstellung in den folgenden Jahren fraglich zu werden beginnt und Vierzig sich deshalb veranlaßt sieht, seine Position zu modifizieren. Einen ersten Schritt in die neue Richtung stellt ein Aufsatz aus dem Jahre 1972 dar (5/1 ff), in dem die Bedeutung der Tradition für die Lebensbewältigung des Schülers merklich niedriger veranschlagt wird. Der darin anklingende Zweifel, ob sich Überlieferung tatsächlich als Anhaltspunkt für heutige emanzipatorische Lebensvollzüge eignet, wird ein Jahr später speziell im Blick auf die biblische Tradition – offenbar auch im Blick auf ihre emanzipatorische Komponente – ausdrücklich artikuliert (6/1 ff). Vierzig ist nunmehr der Meinung, daß die traditionellen Handlungsmuster und die dahinter stehenden Sinn- und Wertnormen sich keinesfalls direkt auf die Gegenwart übertragen lassen. Überliefertes kann nicht – jedenfalls nicht für sich genommen – darüber entscheiden, was heute sinnvoll ist und gelten soll; d. h. Tradition kann nicht als »schlechthinnige Norminstanz« fungieren (6/4), wenn es darum geht, in der Gegenwart Emanzipation zu realisieren. Dieser Vorbehalt gegenüber einem normativen Gebrauch der Tradition wird zum einen mit dem Hinweis auf »die veränderte gesellschaftliche Situation, das veränderte Bewußtsein und die veränderte gesellschaftliche Praxis« begründet (6/4); mit dem Argument also, daß die Aussagen der biblischen Überlieferung über die Gesellschaft – wie man sie einschätzen und wie man sich ihr gegenüber verhalten soll – durch die ganz anders gearteten gesellschaftlichen Verhältnisse der damaligen Zeit bedingt und folglich in ihrer Gültigkeit begrenzt sind. Damit hängt ein zweiter, noch schwerer wiegender Einwand zusammen: die Befürchtung, daß durch die Bindung an Aussagen der Tradition, die durch die gesellschaftliche Entwicklung eindeutig überholt und in ihrer Verbindlichkeit relativiert wurden, die heutigen Verhältnisse stabilisiert und heute notwendige Veränderungen blokkiert werden könnten. Aus diesen Gründen ist es unmöglich, sich ausschließlich an der Tradition zu orientieren und dem Heranwachsenden deren Deutungen und Wertungen der Lebenswelt zur Identifikation anzubieten; die biblische Überlieferung wirkt, nimmt man sie zum alleinigen Maßstab, emanzipationshemmend.

Daß Vierzig die Tauglichkeit der Bibel für den emanzipatorischen RU im Gegensatz zu früher jetzt so skeptisch beurteilt und sich darum vom Prinzip der Traditionsorientiertheit so spürbar distanziert, ist offensichtlich darin begründet, daß er die Aufgabe des RU nunmehr stärker als bisher auf gesellschaftlichem Gebiet liegen sieht und den schon immer vorhandenen Leitbegriff der Emanzipation stärker als bisher politisch interpretiert. Um dieses Ziel der Befähigung des Schülers zu gesellschaftsverändernder Praxis verwirklichen zu können, braucht der Unterricht, da die biblischen Sinn- und Wertnormen hierfür ungeeignet sind, einen anderen Anhaltspunkt, an dem er sich ausrichten kann. Dieses neue, für die Zwecke des RU geeignetere Normsystem glaubt Vierzig in der »Kritischen Theorie« der Frankfurter Sozialphilosophie, primär bei J. Habermas, gefunden zu haben. Diese Gesellschaftstheorie ist in seinen Augen imstande, beide Defizite der biblischen Tradition zu beheben. Sie bietet Kriterien für ein der heutigen gesellschaftlichen Lage angemessenes, d. h. emanzipatorisches Verhalten und sie bietet vor allem ein kritisches Instrumentarium für die Korrektur von Orientierungs- und Verhaltensmustern, die der Emanzipation im Wege stehen. Die Übernahme dieser Theorie hat, wie das im Jahre 1975 erschienene Buch über »Ideologiekritik und Religionsunterricht« zeigt, weitreichende Auswirkungen, die nicht zuletzt die innere Substanz des RU betreffen[11].

[11] Im Vergleich hierzu ist der Einfluß der »Politischen Theologie« (J. B. Metz, J. Moltmann, D. Sölle) auf Vierzigs weitere Entwicklung wesentlich niedriger zu veranschlagen. Seine theologischen Gewährsmänner scheinen vielmehr Chr. Gremmels und W. Herrmann zu sein, deren »Materialistische Theologie« sich ebenfalls an den normativen Prämissen der »Kritischen Theorie« ausrichtet (Ideologiekritik und Religionsunterricht, S. 67 ff).

II. Die heutige Position

Folgt man den darin entwickelten, das Seitherige modifizierenden Grundgedanken, so entsteht das Bild eines RU, dessen wichtigstes Merkmal die Gesellschaftsbezogenheit ist und dessen eigentliche, ja einzige Aufgabe darin besteht, »einen Beitrag zu leisten für das Leben in einer freieren und humaneren Gesellschaft (7/11). Wie die Schule insgesamt, so hat auch der RU den Schüler zur »Bewältigung der gesellschaftlichen Praxis« (7/152) zu befähigen und ihm diejenigen emanzipatorischen Qualifikationen zu vermitteln, die er braucht, um an der Veränderung der Gesellschaft kritisch-konstruktiv mitarbeiten zu können.

A. Die Ziele des Religionsunterrichts

Die Qualifikationen, deren Vermittlung speziell dem RU zufällt, beziehen sich auf einen besonders wichtigen Bereich gesellschaftlichen Lebens: auf jene Situationen, in denen es um »Verständigung, Vergewisserung und Auseinandersetzung über die Sinninterpretationen und Grundnormen für humane Existenz in der Gesellschaft« geht (7/155). Wofür dieses Fach den Heranwachsenden qualifizieren muß, sind demnach die gesamtgesellschaftlichen Entscheidungs- und Konfliktsituationen, die dadurch charakterisiert sind, daß in ihnen die Frage aufbricht, nach welchen Prinzipien eine menschenwürdige Gesellschaft aufgebaut werden soll. Da diese für die Zukunft der Gesellschaft entscheidende Frage angesichts des heute herrschenden weltanschaulichen Pluralismus unterschiedlich bzw. gegensätzlich beantwortet wird, kommt alles darauf an, daß die Diskussion darüber so geführt wird, daß es zu einer Verständigung der gesellschaftlichen Gruppen über die Grundsätze und Ziele der Weiterentwicklung kommt. Ein solcher Konsens ist allerdings nur dann erreichbar, wenn sich diese Auseinandersetzung öffentlich, uneingeschränkt und insbesondere herrschaftsfrei vollzieht. Keine der am »kommunikativen Prozeß« (7/156) beteiligten Gruppen oder Personen darf ihren Standpunkt absolut setzen und dadurch über die anderen Herrschaft ausüben, bzw. sie unter Druck setzen; alle müssen vielmehr ihre Position mit rationalen Argumenten vertreten und vor allem bereit sein, den »Interessenhintergrund« (7/156) aufzudecken, der sie insgeheim bestimmt. Dem Schüler die für das Gelingen dieser Diskussion erforderlichen Voraussetzungen wie Sprachfähigkeit, Sachkompetenz, Kommunika-

tionsbereitschaft und Handlungskompetenz zu verschaffen, ist die spezielle Aufgabe, die der RU zu erfüllen hat; er soll den Heranwachsenden zu »kommunikativem Handeln«, bzw. zu »kompetenter Teilhabe an kritischer Kommunikation über die Sinn- und Normvergewisserung in der Gesellschaft« befähigen (7/156) und dadurch zur Verwirklichung des Leitbilds aller schulischen Erziehungsarbeit beitragen: der Befähigung zu kritisch-konstruktiver Mitarbeit an der Humanisierung der gesellschaftlichen Verhältnisse.
Obwohl der Begriff der Emanzipation im Zusammenhang der Lernzielbestimmung nicht auftaucht, bildet er doch nach wie vor den Richtpunkt für alles, was im Unterricht geschieht. Dies zeigt sich nicht nur am Verständnis des Schulziels, dessen politisch-emanzipatorische Ausrichtung offenkundig ist, sondern bei genauerem Zusehen auch an der fachspezifischen Zieldefinition. Denn die Fähigkeit zu kommunikativem Handeln ist eine Fähigkeit, über die streng genommen nur derjenige verfügt, der emanzipiert ist. Wer hier mitreden will, braucht ja nicht nur Sprachfähigkeit und Sachkompetenz – Qualifikationen, die nötig sind, um einen Standpunkt darlegen und begründen zu können; sondern auch und vor allem Kommunikationsbereitschaft und Handlungskompetenz – Fähigkeiten, die erforderlich sind, um zur Verständigung und zur Zusammenarbeit mit Andersdenkenden zu kommen. Insbesondere hierzu ist aber nur der imstande, der sich in seinem Denken, Werten und Verhalten freigemacht hat von allen Fremdbestimmungen und damit eine »offene, nicht dogmatisch-fixierte Persönlichkeitsstruktur« besitzt (7/163). Dieses Vermögen, über sich selbst zu bestimmen und die seitherige Position aufgrund neuer Einsichten zu revidieren, ist offensichtlich die entscheidende Voraussetzung für gelingendes kommunikatives Handeln. Insofern trägt das hier formulierte fachspezifische Lernziel in der Tat emanzipatorischen Charakter: »kommunikative Kompetenz« und »Fähigkeit zu autonomem Lebensvollzug« sind Wechselbegriffe, die sich lediglich darin unterscheiden, daß der Begriff der kommunikativen Kompetenz genauer bestimmt, wofür die emanzipatorischen Fähigkeiten gebraucht werden.

B. Die Aufgaben des Religionsunterrichts

Was ist zu tun, damit es zu diesen Denken, Werten und Verhalten umfassenden Veränderungen – zu wirklicher Emanzipation – kommt und der Schüler die für die Humanisierung der Gesellschaft entscheidende Fähigkeit zu freier Kommunikation erwirbt?

1. *Ideologiekritik*

Die Antwort, die Vierzig auf diese Frage gibt, kann nach dem bisher Gesagten nicht überraschen. Dieser RU hat vorrangig darauf bedacht zu sein, daß der Heranwachsende von der »Herrschaft der herrschenden Ideen, Theorien, Moralvorstellungen und Sinngebungen« befreit wird; nicht um sie unter allen Umständen zu entfernen, sondern um eine kritische Distanz für ihre Überprüfung zu schaffen« (7/157). Diese Forderung ist für sich genommen nicht neu; schon immer sollte der RU eine unreflektierte Anpassung des Schülers an das in seiner Umwelt Gängige und Übliche verhindern und ihn zu einer selbständigen Entscheidung anleiten. Während bisher jedoch dieser Effekt von der Identifikation mit emanzipatorischen Lebensmodellen der Tradition erwartet wurde, sieht Vierzig jetzt in der Ideologiekritik das geeignete Mittel, um diese sozialisationsbedingten Bindungen aufzulösen. Mit ihrer Hilfe soll dem Heranwachsenden eine kritische Einschätzung der in der Gesellschaft herrschenden, auch ihn bestimmenden Sinn- und Wertvorstellungen vermittelt und ihre allgemeine Verbindlichkeit prinzipiell in Frage gestellt bzw. als unberechtigt entlarvt werden.
Im Sinne des Ideologiebegriffs der Frankfurter Sozialphilosophie, die ihrerseits Überlegungen des jungen Marx kritisch weiterführt, werden diese Ideen religiöser, philosophischer, moralischer und politischer Art – die vielfältigen Sinn- und Werttraditionen samt ihren Lebensordnungen – als gesellschaftlich bedingt verstanden; als Produkte der Gesellschaft, die aus dem kommunikativen Prozeß früherer Generationen erwachsen sind und deren durchaus situationsabhängige Antwort auf die Frage nach den Richtpunkten für die Ausgestaltung des individuellen und gesellschaftlichen Lebens repräsentieren. Im Unterschied zu Marx, der davon ausging, daß alle Sinn- und Wertsysteme Ideologien, d. h. von dem Interesse geleitet sind, den gesellschaftlichen status quo zu rechtfertigen und seinen Fortbestand zu sichern, sieht die »Kritische Theorie« in dieser Etikettierung ein Pauschalurteil, das in dieser Form nicht haltbar ist. Ihrer Auffassung nach ist vielmehr im Einzelfall zu prüfen, wie sich eine Idee, Theorie, Moralvorstellung oder Sinngebung in der gesellschaftlichen Praxis auswirkt; ob sie die herrschenden Verhältnisse tatsächlich stabilisiert und damit die Schaffung menschlicherer Zustände verhindert, oder ob sie das Bestehende nicht vielmehr kritisiert und damit die praktisch-politische Emanzipation fördert. Erst an ihrer Wirkung in der Gesellschaft, ihrer gesellschaftlichen Funktion, entscheidet sich, ob sie ideologischen Charakter trägt oder nicht. Die Praxis ist somit der Ort, an dem sich eine Sinn-

oder Wertvorstellung als legitim erweisen muß. Diese Auslegungs- und Bewertungsgrundsätze gelten, wie Vierzig nachdrücklich hervorhebt, auch für die Inhalte der biblisch-christlichen Überlieferung; auch sie sind im RU dieser ideologiekritischen Betrachtungsweise zu unterziehen und als Produkte gesellschaftlicher Verhältnisse zu deuten, bzw. am Maßstab der emanzipatorischen Wirkung zu messen.
Eine nach diesen Grundsätzen durchgeführte Auslegung und Bewertung der Glaubensüberlieferung führt notwendigerweise zu weitgehenden Eliminierungen, da dabei das, was sie selber zu sein beansprucht und was sie selber als wahrheitsentscheidend und maßgeblich bezeichnet, konsequent außer Betracht bleibt und sie lediglich in den Punkten zum Zuge kommt, in denen sie mit den Wahrheits- und Wertprinzipien dieser Sozialphilosophie korrespondiert. Damit entfällt nicht nur ihr Anspruch, Offenbarungscharakter zu tragen, bzw. ihr Anspruch, die absolute Religion zu sein, sondern auch eine ganze Reihe für sie charakteristischer und zentraler Grundaussagen. Einzelergebnisse dieser kritischen Reduzierung werden freilich nicht aufgezählt, sondern höchstens angedeutet. Man dürfte jedoch nicht fehl gehen, wenn man annimmt, daß hier, wo der Mensch als Subjekt der Geschichte gilt,

- der Gottesgedanke zumindest in seiner personalen Ausprägung bedeutungslos wird;
- die Vorstellung von der Schöpfung und Vollendung der Welt durch Gott in den Verdacht gerät, die herrschenden Verhältnisse zu sanktionieren, bzw. den Willen zur Veränderung zu lähmen und deshalb der Kritik verfällt,
- und die Aussagen über Sünde, Erlösung und Heil ausschließlich gesellschaftlich-politisch interpretiert und damit einseitig ausgelegt werden (7/83 ff).

Was bleibt, sind jene Vorstellungen und Leitbilder der biblisch-christlichen Tradition, die sich auch in der »Kritischen Theorie« finden (7/141 f):

- die Idee der Transzendenz, verstanden als die das Vorhandene transzendierende Frage und Sehnsucht nach dem Absoluten und Gerechten;
- die Idee von der »Unfertigkeit von Mensch und Gesellschaft« (7/142), d. h. der Gedanke, daß individuelle und gesellschaftliche Entfremdung nie restlos beseitigt werden kann;
- die Idee der permanenten Kritik an gesellschaftlichen Negativitäten im Namen der Humanität,
- und die Idee der »kritischen Utopie« (7/142), d. h. das Bild einer besseren und gerechteren Gesellschaft, das den Maßstab sowohl für die

kritische Analyse des Bestehenden als auch für die Praxis der Veränderung bildet.
Da derartige Zukunftsentwürfe mit ihren Vorstellungen von humaneren Inhalten und Normen der Gesellschaft nur »in der Auseinandersetzung mit den Sinninhalten der Vergangenheit« entwickelt werden können (7/141), hat der RU an dieser Stelle die Möglichkeit, auf die Sinntradition des christlichen Glaubens Bezug zu nehmen – in erster Linie auf den »von Jesus initiierten Prozeß der kritischen Veränderung des einzelnen und der Gesellschaft auf Gerechtigkeit, Friede, Liebe und Freiheit hin« (7/142) – und diese emanzipatorischen Sinndaten in die Besinnung über das, was in der Gegenwart wünschenswert ist und gelten soll, einzubeziehen. Diese Bezugnahme auf das Praxismodell, das Jesus geliefert hat und das von andern weitergeführt wurde, dient dazu, den Schüler zu informieren und ihm Materialien für eine selbständige, der heutigen gesellschaftlichen Lage angemessene Entscheidung an die Hand zu geben. Darüber hinaus kann es dazu beitragen, ein Fehlschlagen der Emanzipation zu verhindern und die Gefahr abzuwehren, daß der Heranwachsende angesichts von Mißerfolgen in Resignation und Verzweiflung gerät (7/142). Trotzdem wäre es falsch, diesem Praxismodell im RU eine Sonderstellung einzuräumen, bzw. eine Sonderbehandlung zuteil werden zu lassen; die Auslegungs- und Bewertungsgrundsätze der »Kritischen Theorie« haben vielmehr auch in diesem Fall uneingeschränkte Gültigkeit.
Sicherlich ist diese Reduzierung der Glaubensüberlieferung auf jene Gehalte, die mit den Wahrheits- und Wertprinzipien der Frankfurter Schule übereinstimmen, auch theologisch motiviert. Vierzig gibt mit hinreichender Deutlichkeit zu erkennen, daß er – ähnlich wie die Vertreter einer materialistisch-ideologiekritischen Theologie – die Aufgabe der Theologie nicht in der »Beschreibung einer Überwelt« sieht, sondern in der »Reflexion der Inhalte und Konsequenzen eines historisch-gesellschaftlichen Geschehens um die Person Jesu von Nazareth« (7/143); darin also, unter Bezugnahme auf Jesus zur Humanisierung der Gesellschaft beizutragen. Das Hauptmotiv dürfte jedoch das bereits erwähnte pädagogische Interesse sein: dem Schüler zu »kritischer Distanz« (7/157) gegenüber der gesellschaftlichen Normenwelt christlicher und nichtchristlicher Art zu verhelfen und ihn dadurch auf den Weg der Emanzipation zu bringen. Vor allem aus diesem Grunde – um den Autoritätsanspruch dieser Sinn- und Wertüberlieferungen in den Augen der Heranwachsenden zu relativieren – wird ihre gesellschaftliche Bedingtheit hervorgehoben und ihre gesellschaftliche Funktion kritisch beleuchtet.

2. *Affektive und pragmatische Veränderungen*

Allerdings weiß auch Vierzig, daß die Aufklärung der Schüler über Entstehung und Wirkung religiös-weltanschaulicher Systeme lediglich einen ersten, wenn auch entscheidenden Schritt zu umfassender Emanzipation, bzw. zu wirklicher kommunikativer Kompetenz bildet. Politisch aufgeklärtes, d. h. richtiges Denken genügt nicht, um die tiefgehenden sozialisationsbedingten Bindungen an diese Deutungen und Wertungen aufzulösen und den Heranwachsenden zu befähigen, über seine Position selbst zu bestimmen und das als sinnvoll und gut Erkannte in der gesellschaftlichen Praxis zu realisieren. Diese Fähigkeit läßt sich nur dadurch vermitteln, daß der RU auch die affektiven und pragmatischen Verhaltensweisen der Schüler – ihre Werthaltungen und Handlungsgewohnheiten – in einem emanzipatorischen Sinn zu verändern sucht. Hierzu ist erforderlich, daß der Heranwachsende Vorstellungen von einer humaneren Gesellschaft, wie sie in der biblisch-christlichen Tradition, aber auch in außerchristlichen Überlieferungen in der Form von Zukunftsentwürfen enthalten sind, kennenlernt und mit Praxismodellen vertraut gemacht wird, die ihm zeigen, wie diese Vorstellungen und Leitbilder in die Tat umgesetzt werden. Gewiß können diese Vorgaben der Tradition die Frage nach heute gültigen Werten und heute notwendigen Handlungsformen nicht direkt und definitiv beantworten; sie sind jedoch sehr wohl geeignet und imstande, hierfür Anregungen und Hinweise zu geben und mit Kriterien wie Gerechtigkeit, Friede, Liebe und Freiheit den Rahmen abzustecken, innerhalb dessen sich heutiges Nachdenken über das, was sinnvoll ist und gelten soll, bewegen muß. Damit gehen von ihnen zugleich Impulse zur Überprüfung und Revision der Wertauffassungen und Handlungsgewohnheiten aus. Das Eigentliche – die tatsächliche Veränderung im Werten und Handeln – vermögen diese emanzipatorischen Traditionsgehalte freilich nicht zu bewirken. Daß es dazu kommt, hängt weit stärker von der Gestaltung des Unterrichts ab als von den Stoffen, die er behandelt. Was Vierzig in dieser Hinsicht fordert, berührt sich mit dem Programm der »Kommunikativen Didaktik«, deren Thesen und Postulate einerseits voll akzeptiert, andererseits mit dem von Habermas übernommenen Begriff der »herrschaftsfreien Kommunikation« eindeutig politisch-emanzipatorisch interpretiert werden (7/156 f).

C. Die Gestaltung des Religionsunterrichts

Den Ausgangspunkt der unterrichtspraktischen Vorschläge bildet der Gedanke, daß ein Unterricht, der emanzipatorische Veränderungen intendiert, dieses Ziel nur dann erreicht, wenn er selber emanzipatorischen Charakter trägt und nach emanzipatorischen Prinzipien gestaltet wird; er soll der Ort sein, an dem Emanzipation nicht nur verbal vermittelt, sondern real eingeübt wird. Aus diesem Verständnis von Unterricht ergeben sich hauptsächlich folgende Gestaltungsgrundsätze (7/163ff; 5/1ff):

- der Grundsatz der Herrschaftsfreiheit, d. h. die Forderung, bei der Vermittlung von Sinn- und Wertnormen auf jeden Zwang zur Annahme bestimmter Normen zu verzichten und die Entscheidung hierüber ganz dem Schüler zu überlassen; Normen sollten nicht durch Fremdbestimmung, sondern auf dem Wege der Selbstregulierung – aufgrund eigener Einsicht und Wahl – angeeignet werden.
- Der Grundsatz der Partnerschaftlichkeit, d. h. die Forderung, die herkömmliche Lehrerdominanz zugunsten einer prinzipiellen Gleichstellung von Lehrern und Schülern abzubauen und den Unterricht als Kommunikationsprozeß zu verstehen und zu gestalten, in dem beide voneinander und miteinander lernen. Wo es um Sinn- und Wertfragen geht, hat der Lehrer keinen grundsätzlichen Vorsprung vor dem Schüler; beide sind hier vielmehr Lernende, die in gemeinsamer Arbeit ein Problem zu lösen suchen.
- Der Grundsatz der Aktivierung der Klasse zur Selbstbestimmung, d. h. die Forderung, soziale, nicht-lehrerzentrierte Formen des Lernens wie Gruppenarbeit und Klassengespräch zum Zentrum des Unterrichtsgeschehens zu machen. Dabei ist darauf zu achten, daß die Kommunikation bzw. Interaktion der Schüler symmetrisch verläuft; so, daß alle mit allen Verbindung aufnehmen und die zur Verhandlung stehenden Normfragen kooperativ gelöst werden. Und
- der Grundsatz der offenen Lernzielplanung, d. h. die Forderung, keine inhaltlich bestimmten, den sachlichen Ertrag des Unterrichts fixierenden Lernziele aufzustellen, sondern das Resultat als nicht planbar anzusehen und die Zielfindung dem Lernprozeß der Klasse zu überlassen.

Alle diese Gestaltungsgrundsätze zielen auf die Verwirklichung echter Kommunikation und Kooperation und damit auf die Schaffung eines Gruppenbewußtseins, das Lehrer und Schüler umfaßt. Daß gerade darauf ein so großes Gewicht fällt, ist verständlich, wenn man bedenkt, daß Solidarität mit andern die unerläßliche Voraussetzung für die angestrebten Veränderungen im affektiven und pragmatischen Bereich darstellt; nur durch Kommunikation und Kooperation werden »fixierte Vorstellungen aufgelöst, Vorurteile abgebaut und Hemmungen beseitigt« (7/163); nur wo ein Solidaritätsbewußtsein vorhanden ist, eine zumindest partielle Identifikation mit der Gruppe, wächst die Bereitschaft und Fähigkeit, »die individuelle Norm durch die kooperativ gefundene Gruppennorm in Frage stellen zu lassen« (7/165); nur im Rahmen der Gruppe ist Identitätsfindung und umfassende Emanzipation möglich.

III. Kritik

Sieht man in den Sinn- und Wertnormen der biblisch-christlichen Überlieferung den Orientierungshorizont religionsdidaktischer Theorie und Praxis, so erscheint Vierzigs heutige Konzeption als eine Spielart des Gemeinschafts- bzw. Sozialkundeunterrichts. Daß in ihr das Praxismodell Jesu dazu benutzt wird, Heranwachsende auf den Weg der Emanzipation zu bringen, ändert an diesem Urteil nichts. Denn dieses Modell hat lediglich die Funktion, die Ideale zu bestätigen und zu veranschaulichen, die die von Vierzig favorisierte Sozialphilosophie aufstellt. Zwar ist nicht zu bestreiten, daß sachliche Berührungspunkte vorhanden sind; ebenso sicher ist jedoch, daß dabei wesentliche, wenn nicht entscheidende Aspekte und Gehalte der neutestamentlichen Jesustradition ausgeschieden werden. Dies gilt auch dann, wenn man diese Überlieferungen einer historischen Kritik unterzieht und von dem ausgeht, was der historische Jesus in Wort und Tat verkündet hat. Daß im Zentrum seines Wirkens der Gedanke der Gottesherrschaft stand und sein Protest gegen die jüdische Frömmigkeit, bzw. sein Ruf zur Liebe durch den Glauben an den lebendigen Gott und das Bewußtsein, in seinem Namen zu reden und zu handeln, bestimmt war, kann nämlich als historisch gesichert gelten. Daß Vierzig trotzdem nicht bereit ist, diese Dimension in sein Jesusbild aufzunehmen, ist ein Beweis dafür, daß dieses Praxismodell für ihn ausschließlich ein Mittel ist, um den Zweck der Emanzipation zu verfolgen. In dieser Funktion ist es jedoch – zumindest auf unterrichtlicher Ebene – zweifellos austauschbar und im Grunde durch jedes andere Exempel ersetzbar, das dieselben Ideale repräsentiert. Stellt dieses Modell, so gesehen, nicht lediglich ein Alibi dar, um die Tatsache zu verschleiern, daß dieser RU sich in Wirklichkeit in einen politischen Unterricht aufgelöst hat?
Nichtsdestoweniger enthält dieses Konzept Elemente, die auch eine an-

ders ausgerichtete Religionsdidaktik bejahen kann. Dazu gehört die Vorstellung, daß es Sache auch des RU ist, den Heranwachsenden zu kritisch-konstruktiver Mitarbeit an der Verbesserung der gesellschaftlichen Verhältnisse zu befähigen; daß zu diesem Zweck die Sinn- und Wertnormen, die das Bestehende stabilisieren und die Verwirklichung von Freiheit, Gerechtigkeit, Gemeinschaft und Frieden blockieren, kritisch zu überprüfen sind und daß der RU, will er seiner erzieherischen Aufgabe gerecht werden, auch die Veränderung der Werthaltungen und Handlungsgewohnheiten anstreben muß. Dazu zählt ferner Vierzigs Vorstellung von einem kommunikativen und kooperativen Unterrichtsstil und nicht zuletzt seine Forderung, zwischen den am Unterricht Beteiligten Gemeinschaftsbeziehungen herzustellen und diese zu pflegen.

Mit dieser Zustimmung zu den pädagogischen Perspektiven dieser Theorie, die sich weitgehend mit den Leitbildern einer emanzipatorischen Pädagogik decken, verbinden sich freilich auch zahlreiche kritische Anfragen, von denen nur die wichtigsten genannt werden sollen. Was vor allem das Zielspektrum betrifft, so ist Emanzipation – entgegen Vierzigs ursprünglichem Ansatz – vorrangig, wenn nicht ausschließlich als pragmatisch-politische Kategorie verstanden. Daß sie auch eine zumindest gleichgewichtige individuell-personale Komponente enthält und demzufolge nicht nur die Selbstverwirklichung der Gesellschaft, sondern auch die Selbstfindung des Einzelnen meint, bleibt weitgehend außer Betracht. Dadurch droht dieser Unterricht jedoch dem konkreten Schüler mit seinen spezifischen Bedürfnissen, Erwartungen und Schwierigkeiten aus dem Auge zu verlieren und die Aufgabe personaler Lebenshilfe zu vernachlässigen. Sollte Vierzig, worauf vieles hindeutet, diese Hilfe zur Identitätsfindung allerdings von den Interaktionsprozessen und Sozialbezügen der Klasse erwarten, so ist dies, denkt man dabei an die tatsächlichen Gegebenheiten des schulischen Alltags, eine unrealistische Vorstellung. Soll der Heranwachsende diese Hilfe bekommen, so sind hierfür vielmehr insbesondere die Inhalte des Unterrichts in Anspruch zu nehmen und diese nicht nur unter dem Gesichtspunkt ihrer Relevanz für gesellschaftliches Handeln, sondern auch nach dem Maßstab ihrer identitätsfördernden Wirkung auszuwählen. Unter diesem Aspekt könnten auch für Vierzig die Sinn- und Wertnormen der biblisch-christlichen Überlieferung, deren Tauglichkeit er ja lediglich im Blick auf die Veränderung der gesellschaftlichen Verhältnisse in Zweifel zieht, an Gewicht gewinnen. Jedenfalls enthalten sie ein Sinn- und Wertpotential, das Ich-Stabilität und Verhaltenssicherheit zu vermitteln und zu nonkonformistischem und kontrafaktischem Handeln zu befähigen vermag; vorausgesetzt, daß dabei ihre soteriologische Dimen-

sion nicht ausgeklammert wird und es gelingt, diese dem Heranwachsenden zu erschließen. Wo diese unterrichtlich zur Sprache kommt und in ihrer Bedeutung für die Personwerdung des Individuums einsichtig gemacht werden kann, ist die immer wieder geäußerte Befürchtung Vierzigs, der RU kultiviere lediglich eine privatistische Innerlichkeit, gäbe aber keine Impulse zu einem durchsetzungsfähigen und vor allem kritischen Verhalten, grundsätzlich hinfällig.
Daß die Vermittelbarkeit dieser Dimension die Achillesferse eines biblisch-christlichen RU darstellt, ist unumwunden einzuräumen. Läßt man sie – und mit ihr die Orientierungsdaten christlichen Glaubens – jedoch prinzipiell beiseite, so steht man vor einem ähnlich tiefgreifenden Problem. Denn auch für Vierzig stellt sich die schwierige Frage, wie der Schüler für diese gesellschaftspolitischen Ziele gewonnen und wie verhindert werden kann, daß dieser – angesichts der Tatsache, daß ihre Realisierung auf sich warten läßt – in Resignation oder auch in einen sinnlosen Aktionismus verfällt. Vierzigs Möglichkeiten, diese Klippe zu umschiffen und eine Hoffnung zu vermitteln, die vor beidem bewahrt, sind, schätzt man die stabilisierende und mobilisierende Funktion von Gruppenbeziehungen realistisch ein, äußerst begrenzt. Zu vermuten ist vielmehr, daß sein Unterricht Frustrationen erzeugt, die nicht auf den politischen Bereich beschränkt bleiben, sondern sich auf die ganze Person auswirken und die Identitätsfindung des Schülers erschweren. Infofern ist diese Konzeption nicht nur aus theologischen, sondern auch aus pädagogischen Gründen problematisch; zumindest dann, wenn man die erzieherische Aufgabe auch darin sieht, Schülern eine konkrete Lebenshilfe zu geben.

3. Teil

Die Religionsdidaktik Dieter Stoods

Literatur:

(1) Die gesellschaftliche Funktion des Religionsunterrichts (Der Evangelische Erzieher 1969 H. 2, S. 49 ff)
(2) Die Praxis der Interaktion im Religionsunterricht (Der Evangelische Erzieher 1971 H. 1, S. 1 ff)
(3) Information und Interaktion im Religionsunterricht (in: K. Wegenast, Hg.: Religionsunterricht – wohin?, 1971, S. 293 ff)
(4) Das Ziel: Mündigkeit (in: N. Schneider, Hg.: Religionsunterricht – Konflikte und Konzepte, 1971, S. 116 ff)
(5) Religiöse Sozialisation und emanzipiertes Ich (in: W. Dahm, N. Luhmann, D. Stoodt: Religion – System und Sozialisation, 1971, S. 189 ff)
(6) Religion und Emanzipation (in: W. Offele, Hg.: Emanzipation und Religionspädagogik, 1972, S. 49 ff)
(7) Umstrittene Therapie (Der Evangelische Erzieher 1973 H. 3, S. 215 ff)
(8) Zum Verhältnis von Tradition und Erfahrung in der Religionspädagogik (in: P. Biehl, H. B. Kaufmann, Hg.: Zum Verhältnis von Emanzipation und Tradition, 1975, S. 150 ff).
(9) Religionsunterricht und Interaktion, 1975
(10) Einführung in das Studium der evangelischen Religionspädagogik, 1980

Die Zitate werden in der Weise belegt, daß die erste Zahl die zitierte Literatur, die zweite die Seitenzahl angibt.

Stoodt– seit 1970 Professor für Evangelische Theologie und Religionspädagogik an der Universität Frankfurt – ist durch sein Programm eines therapeutischen bzw. sozialisationsbegleitenden RU bekannt geworden. Wie in der »Pädagogik vom Kinde aus« (9/13), so steht auch dieser Theorie zufolge der Schüler im Mittelpunkt des Unterrichts. Zwar trifft dies in gewissem Sinne auf jeden RU zu, der nicht die Inhalte der Tradition, sondern die Lebensfragen des Heranwachsenden als sein vorrangiges Arbeitsgebiet betrachtet. Im Unterschied zu anderen problemorientierten Fachdidaktiken wird bei diesem Ansatz jedoch auch »die Lebensgeschichte der einzelnen Schüler« (9/11) – ihre psychische Prägung – in die Betrachtung einbezogen. Da sie wesentlich durch den Sozialisationsprozeß bedingt ist, hat eine schülerorientierte Religionsdidaktik diesem ihre besondere Aufmerksamkeit zu widmen.

I. Die Situation des Schülers

Wie die Sozialisationsforschung nachgewiesen hat, vermittelt die Familie im Verlauf der frühen Kindheit dem Heranwachsenden sozialschichtenspezifische Grundqualifikationen des Rollenhandelns, die sowohl die Motivationsebene als auch die kognitive Ebene seines Lebens betreffen; sie befähigt ihn, »bestimmte Klassen von Funktionen im Bereich der gesellschaftlichen Arbeit« (3/305) zu übernehmen, d. h. zweckrational zu handeln; durch sie empfängt er aber auch die Grundorientierungen wertmäßiger und überzeugungsmäßiger Art, die ihm die für dieses Handeln erforderliche emotionale Stabilität verleihen und sein Verhalten steuern (3/305). Da diese familiären Prägungen – ihrem Gehalt nach identisch mit den Sinn- und Wertnormen der Gesellschaft – die Basis auch des sekundären Sozialisationsprozesses bilden und somit darüber entscheiden, wie der Schüler die Sozialisationsprobleme löst, mit denen er in Schule, Gruppe und Gesellschaft konfrontiert ist, besitzen sie für alle Unterrichtsfächer, insbesondere aber für den RU, ein großes pädagogisches Gewicht. Sie legen die Wert- und Überzeugungsmuster fest, an die sich der junge Mensch in seinem Handeln und Denken gebunden fühlt, und bestimmen damit über seine Religion. Denn soziologisch betrachtet bezeichnet Religion eben dies: die »emotional hochbesetzte Bindung an den Werte- und Bedeutungszusammenhang, der eine Kultur oder Gesellschaft grundlegend integriert« (3/308). Bei der Analyse des Sozialisationsprozesses, in dessen Verlauf der Heranwachsende seine grundlegende psychische Prägung empfängt, richtet sich Stoodts Augenmerk schwerpunktmäßig auf zwei Fragen: darauf, welche Einflüsse von der Familie, zum Teil auch von der Gesellschaft auf den jungen Menschen ausgehen, und darauf, welche Wirkungen die familiär vermittelten christlichen Sinn- und Wertnormen auf ihn ausüben. Während bei der ersten Überlegung demnach die konkreten Inhalte, die durch die Sozialisationsinstanzen weitergegeben werden, außer Betracht bleiben und lediglich formal die Wirkungen untersucht und aufgezeigt werden, die von diesen Instanzen ausgehen, wird im zweiten Durchgang vorausgesetzt, daß es sich um die Vermittlung spezifisch christlicher Orientierungsdaten handelt, und deren Einfluß auf den Heranwachsenden analysiert.

A. Die Wirkungen des Sozialisationsprozesses

Was die Sozialisation in der Familie betrifft, so ist sie heutzutage dadurch gekennzeichnet, daß die Elternhäuser – vorrangig in der Mit-

telschicht – den Heranwachsenden auf die Rolle des »guten Kindes« (6/55) festlegen, d. h. ihn zu bravem Verhalten prädisponieren und ihm eine Welt vorspiegeln, »die aus Schonräumen besteht, in denen harte politische und ökonomische Wahrheiten nicht vorkommen« (6/56). Beides – Reglementierung und Überemotionalisierung – hat zur Folge, daß das Konfliktverhalten nur schwach ausgebildet und der junge Mensch nur unzureichend befähigt wird, Sozialisationsprobleme zu bewältigen. Statt ihm Muster an die Hand zu geben, die ihn anleiten, das stets vorhandene Konfliktpotential »sinnvoll, taktisch klug und effektiv« (6/56) aufzuarbeiten, legen ihn die Eltern auf ihre eigene Konfliktschwäche fest und nehmen ihm damit die Chance, sich in einer gesunden Weise von den verinnerlichten Werten zu lösen und eigene Wertentscheidungen zu treffen. Dazu trägt auch der zwischen autoritär und permissiv-liberal schwankende Erziehungsstil der meisten Elternhäuser bei, sowie die Haltung vieler Väter, die nicht imstande sind, die Rolle des »argumentierenden, aber konsequenten und harten Gegenübers« (6/56) zu übernehmen. Aufs Ganze gesehen finden die Heranwachsenden bei ihren Bezugspersonen somit nicht das, was sie brauchen: eine »flexible Orientierung« (6/57), die sich ihren Bedürfnissen anpaßt, dabei aber zugleich ihren »notwendigen und wahren Bedarf« (6/57) – die Fähigkeit zu emanzipatorischer Lebensgestaltung – im Auge behält.
Diese Diagnose wird durch Schüler- und Studentenbeobachtungen bestätigt, die Stoodt selber angestellt hat. Gerade für deren Verhalten ist, wesentlich bedingt durch den Funktionsverlust und Autoritätsschwund des Vaters, bzw. das Vorherrschen der mütterlich-emotionalen Komponente im Familienleben, die Tendenz zur Konfliktvermeidung charakteristisch; ebenso die damit zusammenhängende Unfähigkeit zu angemessener Selbstrepräsentation, für die vornehmlich die familiären Unterwerfungszwänge verantwortlich zu machen sind. Diese und andere Verhaltensmerkmale sind Symptome dafür, daß der Sozialisationsprozeß im Raum der Familie in der Mehrzahl der Fälle ich-schwache Individuen erzeugt; Menschen, denen es an Konfliktstärke mangelt und die deshalb außerstande sind, ihre persönliche und soziale Identität zu finden (5/222).
Zu einem ähnlichen Resultat gelangt Stoodt bei der Darstellung der allgemein-gesellschaftlichen Einflüsse auf die Entwicklung des jungen Menschen (6/57 f; 8/151 ff). Wie die Untersuchungen von C. Offe und Fr. Blum zeigen, sind die Erfahrungen, die der heutige Erwachsene auf politischem und ökonomischen Gebiet macht, äußerst entmutigend. Speziell die politischen Verhältnisse – genauer gesagt, die Formen, in denen sich in der gegenwärtigen Gesellschaft Politik präsentiert – rufen

in der Regel lediglich eine »apathische Folgebereitschaft« (6/57) hervor. Die überwiegende Mehrheit der Bevölkerung verhält sich dem politischen System gegenüber zwar loyal, ist jedoch nicht bereit, denen, »die uns politisch, kulturell oder geistig und wissenschaftlich leiten, mit Begeisterung Folge zu leisten« (6/57). Bezieht man zudem noch die Auswirkung der ökonomischen Verhältnisse in die Betrachtung ein, so wird vollends deutlich, daß die Strukturen der Gesellschaft das Individuum frustrieren. Wie Befragungen, die Blum durchgeführt hat, erkennen lassen, ruft das kapitalistische Wirtschaftssystem bei den meisten ein tiefgehendes »Ohnmachtsgefühl« (8/152), ja den Eindruck hilflosen Ausgeliefertseins hervor. Zwar wird die menschliche und ethische Problematik dieses Systems teilweise empfunden, doch werden die Chancen einer Reform von den meisten pessimistisch eingeschätzt; offensichtlich erscheint es ihnen als eine nahezu schicksalhafte, jedenfalls unabänderliche Gegebenheit. Auch wenn der Heranwachsende diese allgemein-gesellschaftlichen Wirkungen lediglich indirekt – vermittelt durch die Einstellung und das Verhalten seiner Bezugspersonen – zu spüren bekommt, kann es doch nicht zweifelhaft sein, daß sie in ihm die Neigung zu politischer und ökonomischer Unterwerfung wecken und damit die in der Familie internalisierte Tendenz zur Anpassung und zum Verzicht auf Durchsetzung von Eigeninteressen verstärken. Die Erfahrungen mit der Gesellschaft sind demnach ebenso wenig wie die familiären geeignet, den jungen Menschen zur Verwirklichung seiner Ich-Identität zu motivieren.

B. Die Wirkungen eines christlich bestimmten Sozialisationsprozesses

Gilt dies auch für den Fall, daß das Umfeld, in dem sich der Sozialisationsprozeß vollzieht, von christlichen Wertvorstellungen und Sinndeutungen bestimmt ist und diese die Grundorientierungen bilden, die das Verhalten des Heranwachsenden steuern?

Bedenkt man die Vielfalt befreiender und ermutigender Impulse, die insbesondere die biblische Überlieferung enthält (9/22 ff), so wäre hier eigentlich ein günstigeres Ergebnis zu erwarten. Zwar spielt das Christentum im gesellschaftlichen Leben kaum noch eine Rolle; nicht ohne eigene Schuld ist es in diesem Bereich längst in die Defensive gedrängt und durch andere, die Gesellschaftsordnung integrierende und stabilisierende Weltanschauungen ersetzt worden. In der privat-familiären Sphäre – auf dem Gebiet der Familienerziehung also – stellt es jedoch immer noch einen maßgeblichen Prägefaktor dar, dessen Bedeutung umso höher zu veranschlagen ist, als das Elternhaus die zentrale Sozialisationsagentur ist und damit über das psychische Schicksal des jungen Menschen entscheidet. In Wirklichkeit freilich bringt auch und gerade der unter christlichen Vorzeichen stehende Sozialisationsprozeß in der Familie fragwürdige, ja gefährliche Resultate hervor. Auch wenn man einräumt, daß in der biblisch-christlichen Tradition auch emanzipationshemmende Elemente enthalten sind, wäre es dennoch falsch, in den Inhalten dieser Überlieferung die Ursache hierfür zu sehen. Der wahre Grund ist vielmehr ein »verkehrter Gebrauch« (6/58) dieser Tradition, für die nicht nur die Familien, sondern auch und wohl primär die kirchlichen Institutionen verantwortlich zu machen sind. Statt die Impulse dieser Überlieferung für eine Veränderung des Lebensverhaltens und der Lebensverhältnisse fruchtbar zu machen, d. h. sie in den Dienst der Befreiung und Ermutigung zu stellen, werden sie dazu benutzt, die vorhandenen Lebensordnungen und Institutionen zu legitimieren und zu sanktionieren. Diese durch die Angst vor Neuem und Unbekanntem bedingte Verwendung des christlichen Erbes hat zur Folge, daß dieses um eine wesentliche Dimension verkürzt wird – eben um die Dimension der Befreiung und Ermutigung – und lediglich seine rational-kognitiven Komponenten, seine religiösen Vorstellungen und moralischen Grundsätze, zum Tragen kommen. In Übernahme eines von Th. W. Adorno geprägten Begriffs bezeichnet Stoodt diese reduzierte Gestalt des Christentums als »neutralisierte Religion« (6/59). Daß sie neutralisiert ist, besagt nicht, daß sie wirkungslos ist; wohl aber soll damit unterstrichen werden, daß sie »um die Wirkungen ihrer selbst gebracht ist« (5/221), d. h. in einer Weise wirkt, die nicht ihren eigentlichen Intentionen entspricht. Sie vermittelt dem Heranwachsenden keine »persönliche Glaubenserfahrung« (5/221), keine »innere Gewißheit« und damit auch keine »positive, konstruktive und projektive Kraft«; durch sie empfängt er vielmehr lediglich eine »ideologische Hülle« (5/220): eine Reihe von Vorstellungen und Grundsätzen, die für ihn verpflichtenden Charakter tragen, deren Wahrheitsanspruch ihm aber uneinsichtig bleibt. Wiederum im Anschluß an Adorno werden daraus – was den seelischen Effekt dieses pervertierten Christentums betrifft – weitgehende Konsequenzen gezogen und insbesondere zwei Auswirkungen hervorgehoben, die gleichermaßen fatal sind. Einmal, die geradezu zwanghafte Bindung des jungen Menschen an die im familiären Sozialisationsprozeß internalisierten Werte und Überzeugungen, bzw. an das Über-Ich als deren physischem Repräsentanten. Bedenklich ist diese Fixierung deshalb, weil sie eine autoritäre Persönlichkeitsstruktur erzeugt; einen seelisch immobilen, mit Vorurteilen behafteten, leicht manipulierbaren, blind gehorchenden und

zur Gewalttätigkeit neigenden Menschen, dessen Mentalität »faschistisch« zu nennen ist (6/59). Zum anderen bewirkt diese neutralisierte Religion einen nicht weniger problematischen, weil die Persönlichkeitsreifung blockierenden psychischen Infantilismus, der das frühkindliche Bewußtsein der Ohnmacht und Abhängigkeit zum seelischen Dauerzustand werden läßt und dazu führt, daß der Heranwachsende kein Selbstvertrauen entwickelt, sondern sich stets – vor allen Dingen in unüberschaubaren und ungewohnten Lebenslagen – auf Schutz, Beistand und Fürsorge angewiesen fühlt. Beide Auswirkungen signalisieren eine noch tiefer liegende Schädigung. Unter dem Einfluß dieses seiner befreienden und ermutigenden Impulse beraubten Christentums entsteht ein latentes Angstbewußtsein und damit ein ständiges Bedürfnis nach Sicherheit, dessen sichtbarer Ausdruck eben dieses an die Wert- und Sinnerlebnisse der Kindheit gebundene, zwanghafte und infantile Verhalten ist. Insofern ist auch an dieser Stelle die Ich-Schwäche, gepaart mit dem Bewußtsein, dem Leben hilflos und ohnmächtig ausgeliefert zu sein, das Endresultat des Sozialisationsprozesses.
Auch diese in Anlehnung an Adorno beschriebenen Wirkungen der neutralisierten Religion werden durch eigene Beobachtungen ergänzt, die sich auf zwei Gruppen von Jugendlichen beziehen: solcher, deren Verhalten primär durch die Religion der Familie bestimmt ist, und solcher, deren Verhalten vorrangig durch die Frömmigkeit der Kerngemeinde geprägt wurde (5/194 ff). In beiden Fällen führt die Auswertung des empirischen Materials zu Ergebnissen, die die Aussagen Adornos in allen wesentlichen Punkten bestätigen. Religionsdidaktisch relevant sind in Stoodts Erhebungen insbesondere jene Elemente, die den infantilen Charakter dieses unter christlichem Einfluß zustandegekommenen Verhaltens unterstreichen. Dieser Infantilismus tritt besonders deutlich in Situationen in Erscheinung, die komplex und konfliktträchtig sind:

- Im komplexen Situationen, d. h. in Lebenslagen, die von den Jugendlichen als neu und schwierig empfunden werden, zeigen sie sich unfähig, diese »ohne Rekurs auf einen gleichsam automatisch reagierenden Gott« (5/221) zu bewältigen. Statt die psychische Disharmonie auszuhalten und Kräfte zur Lösung dieser Probleme zu mobilisieren, reaktivieren sie die kindliche Angst vor dem Undurchsichtigen und Bedrohlichen und versuchen, derartige Situationen durch die Hinwendung zu einer allmächtigen Bezugsperson zu meistern. Dieses angstgeleitete Verhalten, das selbst kleinste Anforderungen als Überforderung einschätzt, ist ein Zeichen dafür, daß die introjizierte Mutter, nicht der verinnerlichte Vater, die Gefühlsfigur ist, die ihre Reaktionen und Handlungen steuert und selbstverständlich auch ihr Gottesbild prägt (5/204). Auch in ihm dominieren die weiblich-mütterlichen über die männlich-väterlichen Komponenten. Gott ist in ihren Augen dazu da, ihr Glücksverlangen zu befriedigen; nicht dazu, sie zur Meisterung der anstehenden Probleme zu motivieren und zu aktivieren. Dadurch, daß der Gottesgedanke narzißtisch verwertet wird, verliert er nicht nur seine ihm ursprünglich eigene mobilisierende Kraft, sondern bewirkt geradezu das Gegenteil. Er zementiert diese Gefühlsstruktur und trägt damit entscheidend zur Fixierung der infantilen Einstellung zum Leben bei.

- In Konfliktsituationen, d. h. in Lebenslagen, in denen die Bedürfnisse der Jugendlichen mit den Erwartungen ihrer Umwelt kollidieren, zeigen sie sich unfähig zu »angemessener Selbstrepräsentation« (5/222). Statt ihre Interessen zu artikulieren und sie unter Berücksichtigung der Interessen anderer zu realisieren, passen sie sich – dem in der frühen Kindheit etablierten Unterwerfungsmechanismus bzw. der in der Familie praktizierten Konfliktvermeidungsstrategie folgend – den Gegebenheiten an und tendieren zu Mitläufertum, Konsumentenhaltung und Introversion, d. h. zum Rückzug in die Innerlichkeit. An diesem Verhalten läßt sich ablesen, daß sie unter dem Einfluß der ihnen vermittelten Normen die Regungen des Eigenwillens negativ bewerten und in der Anpassung das moralisch richtige Lebensmuster erblicken. Auch in diesem Fall gehen von den religiösen Elementen ihres Bewußtseins keine befreienden und ermutigenden Impulse aus; ihre Funktion erschöpft sich vielmehr in einer rein innerlichen Kompensation der Ich-Schwäche. Sie dienen ihnen als Stütze und Trost und damit als Mittel zur Erlangung der durch den Verzicht auf tätige Selbstvergewisserung gefährdeten persönlichen Identität. Durch diesen kompensatorischen Gebrauch der Religion wird deren emanzipatorische Wirkung freilich nicht lediglich aufgehoben, sondern wiederum in ihr Gegenteil verkehrt. Diese Religion verfestigt die Neigung zur Unterwerfung und sanktioniert damit das infantile Verhalten, das Konflikten aus dem Wege geht und auf die Verwirklichung der eigenen Interessen verzichtet.

Diese Beobachtungen zeigen, daß die internalisierten christlichen Bewußtseinsinhalte für die Lebensbewältigung keine Impulskraft besitzen und insofern bedeutungslos sind; sie beweisen aber auch, daß diese Elemente nicht unwirksam sind, sondern eine ihrer eigentlichen Intention widersprechende Wirkung entfalten und die Bindung des jungen Menschen an die Gefühlsstrukturen und Wertmuster der Kindheit intensivieren. Gewiß sind für diesen Effekt hauptsächlich die Sozialisationsbedingungen – die familiären, kirchlichen und gesellschaftlichen Verhältnisse – verantwortlich zu machen. Da die Religion deren Tendenz zu infantiler Fixierung des Heranwachsenden aber zumindest verstärkt, fällt natürlich auch ihr ein Teil der Schuld an diesem in jeder Hinsicht unbefriedigenden Resultat zu.

C. Die emanzipatorischen Gehalte der Bibel als Korrektiv

Trotzdem ist Stoodt nicht bereit, auf die Weitergabe der Inhalte christlicher Überlieferung, ihrer Werte und Sinnsymbole, zu verzichten. Denn selbst von diesem reduzierten, zur Tradition gewordenen und durch Institutionen vermittelten Christentum gehen, so gewiß in ihm »biblisches Gut« (5/229) aufbewahrt wird, auch positive Wirkungen auf Individuum und Gesellschaft aus. Richtig verstanden ist die neutralisierte Religion somit ein ambivalentes Phänomen: einerseits in der Tat eine Abweichung von den ursprünglichen biblischen Impulsen; andererseits aber auch ein Gefäß, in dem das emanzipatorische Potential der Bibel von Generation zu Generation weitergereicht und vor dem Vergessen bewahrt wird. Insofern bedarf ihre ausschließlich negative Beurteilung der Korrektur. Sicherlich werden durch sie Ängste geweckt und die familiären und gesellschaftlichen Zustände konserviert; ebenso wahr ist jedoch, daß sie zum Bestehen von Angstsituationen befähigt und schlechte Herrschaft in Frage stellt. Hinzu kommt, daß sie auch für die Deutung und Bewertung menschlichen Daseins in der Welt eine nicht zu unterschätzende Relevanz besitzt. Auch wenn die Symbole, mit deren Hilfe sie Existenzprobleme interpretiert – die Symbole der Schöpfung, der Entfremdung, der Erlösung und der Vollendung – heute in der Regel ihre Plausibilität eingebüßt haben und zu leeren Hülsen geworden sind, gehen von ihrer Einschätzung des Menschen und der Welt doch Anstöße aus, die den Prozeß der öffentlichen Meinungs- und Willensbildung befruchten.

Da das Christentum demnach auch in der Gestalt der institutionell-tradierten Religion insofern Positiva zu verzeichnen hat, als es zur Stabilisierung des Einzelnen, zur Ordnung des Zusammenlebens und zur Kommunikation der Gesellschaft beiträgt, kommt ein grundsätzlicher Verzicht auf seine Weitergabe an den Heranwachsenden nicht in Frage. Was angesichts ihrer fatalen Folgen allerdings mit Nachdruck zu fordern ist, ist die Beseitigung des verkehrten Gebrauchs dieser Tradition, d. h. eine Reform der Strategien ihrer Vermittlung in Elternhaus, Kirche und Schule. Nur dann besteht die Aussicht, daß das Christentum die Wirkung entfaltet, die ihm von seinem Ursprung her eigen ist: daß es zu einer befreienden und ermutigenden Lebenskraft wird, die dem jungen Menschen zur Überwindung der vom Bewußtsein der Angst und der Ohnmacht beherrschten Gefühlseinstellung und zur

Lösung von der die Anpassung erzwingenden Bindung an die internalisierten Werte und Überzeugungen verhilft und ihn zu Ich-Stärke und angemessener Selbstrepräsentation befähigt.

II. Der Religionsunterricht

Mit dieser Tatsache, daß auch und gerade christliche Grundorientierungen einen psychischen Infantilismus erzeugen, muß sich vor allen Dingen der RU auseinandersetzen.

A. Die Ziele und Aufgaben

Welche Aufgabe ihm daraus erwächst, liegt auf der Hand. Er hat zur Aufarbeitung der Symptome dieser Fixierung beizutragen und den Heranwachsenden zu einem »produktiven Konflikt- und Problemlösungsverhalten« (7/218) zu befähigen. Zwar hat man den Eindruck, daß in Stoodts erster Veröffentlichung der Zweck des Unterrichts noch anders bestimmt wird: als »Reflexionsanleitung« zu vernünftigem und fundiertem Urteilen und Handeln (1/58). Diese von Th. Wilhelm inspirierte, stark kognitiv gefärbte Aufgabenbestimmung wird aber bereits zwei Jahre später durch die Einbeziehung emotionaler Aspekte ergänzt und modifiziert. Unter dem Einfluß der »Kritischen Theorie« wird nunmehr deutlicher als zuvor gesehen, daß das Schülerverhalten nicht so sehr durch Vorstellungen, als vielmehr durch Gefühle – durch eingelebte und deshalb emotional hochbesetzte Wert- und Überzeugungsmuster – gesteuert wird und der RU seine Verantwortung infolgedessen nur dann wahrnimmt, wenn er sich nicht mit dem Ordnen der Gedanken begnügt, sondern auch darauf bedacht ist, »Einstellungen zu vermitteln, zu lockern, zu üben und unter Umständen zu verändern« (3/308). Spätestens seit 1971 stellt somit die Bearbeitung der in der grundlegenden Sozialisationsphase verinnerlichten Werte und Überzeugungen, neben der nach wie vor als erforderlich angesehenen Vermittlung von Sachkompetenz, die Hauptaufgabe des RU dar. Seitdem gilt Stoodts Interesse, wie die Zieldefinitionen der folgenden Jahre beweisen, vorrangig der Befreiung der Heranwachsenden von der unreflektierten Bindung an die Gefühlsfiguren und Verhaltensmodelle der frühen Kindheit: der Überwindung der Ich-Schwäche (5/209), der »Erneuerung des religiösen Bewußtseins« (8/153), bzw. der »Freisetzung von Gefühl und Denken für ein problemnahes, offenes Handeln, in dem sich das Leben erneuert« (9/39). Diese Formulierungen lassen erkennen, daß der RU wesentlich als therapeutischer Unterricht aufgefaßt wird, als »sozialisationsbegleitender Religionsunterricht mit seelsorgerlichem Akzent« (7/216), der einen Beitrag zur Stabilisierung und Mobilisierung des Schülers und damit zu seinem Mündig- und Erwachsenwerden zu leisten hat (4/116 ff).

Im Einzelnen stellt sich diesem als emanzipatorische Lebenshilfe verstandenen RU eine negative und eine positive Aufgabe: die Befreiung des Heranwachsenden vom Zwang zur Anpassung und Unterwerfung und die Ermutigung und Befähigung des jungen Menschen zu »Brüderlichkeit, Solidarität und realem, stellvertretendem Handeln« (9/32). Stoodts eigene Aufgabenbeschreibung folgt allerdings nicht diesem systematischen, sondern eher einem pragmatischen Einteilungsprinzip. Unter dem Gesichtspunkt des Bedarfs – welche Qualifikationen braucht der Schüler, um Mündigkeit zu erlangen? – hat der RU folgende Aufgaben zu erfüllen:

1. Hilfe zur Selbstfindung

Um den jungen Menschen vom psychischen Zwang zur Anpassung an die herrschenden Mächte, von seinem Ohnmachtsbewußtsein und dem daraus resultierenden Anlehnungsbedürfnis, zu befreien, muß der Unterricht die Festigung des Ichs, d. h. die Erlangung von Selbständigkeit und Verhaltenssicherheit intendieren. Diesem Ziel der »Personwerdung« (9/28) dient er dann, wenn er dem Heranwachsenden die Chance gibt, »Urteilsfähigkeit, Kreativität, Kommunikationsfähigkeit und Initiative zu entfalten« (9/27) und ihm zugleich dazu verhilft, »die Lebensdimension der Muße, des Glücks und einer wahrhaft umfassenden Sinnlichkeit wiederzugewinnen« (9/27).

2. Hilfe zu solidarischem Handeln

Da die Festigung des Ichs angesichts der Übermacht des gesellschaftlichen Einflusses nur in der Gruppe möglich ist, ist der RU aufgerufen, den Schüler zu »wissender Liebe« zu befreien, »die für den andern eintritt« (9/24). Zur Verwirklichung dieses Ziels der »Solidarisierungsfähigkeit« (9/30), bzw. der Fähigkeit, »sich in gesellschaftlichen Gruppenprozessen mitverantwortlich zu engagieren« (9/29), trägt er in dem Maße bei, als es ihm gelingt, »die Erfahrung von Mitmenschlichkeit und Brüderlichkeit« (9/25) zumindest ansatzweise zu vermitteln und die Interaktion der am Unterricht Beteiligten so zu gestalten, daß über die

Durchsetzung der eigenen Interessen hinaus die Respektierung und Förderung der Interessen der anderen die Richtschnur des Verhaltens bilden.

3. Hilfe zu stellvertretendem Handeln

Um den jungen Menschen von dem mit dem Anpassungszwang verbundenen Zwang zur Unterwerfung unter die Normen der Familie bzw. der Gesellschaft zu befreien, muß der RU ihn zu einem Denken und Handeln ermutigen, »das sich nicht ängstlich im Umkreis gegebener Konventionen und vorgezeichneter Pflichten hält, sondern bereit ist, nonkonformistisch Verantwortung zu übernehmen« (9/24), und ihn zugleich mit Qualifikationen ausstatten, die diesem emanzipatorischen Impuls entsprechen. Hierzu zählt in erster Linie die Fähigkeit, auf kognitiver und pragmatischer Ebene Entscheidungen zu treffen, die selbstverantwortet und vom Bewußtsein der Verpflichtung gegenüber Unterdrückten und Benachteiligten getragen sind. Dieses Ziel der Entscheidungsfähigkeit bzw. der Fähigkeit, in Denken und Handeln für die Entrechteten Partei zu ergreifen, erreicht der Unterricht dadurch, daß er den Schülern »Anlässe zum praktischen Diskurs, zur Diskussion von Normen und Verhaltensregeln« (9/32) gibt und sie anhand konkreter Lebenssituationen zu »strukturveränderndem Handeln« (9/33) anleitet.

4. Hilfe zu alternativischem Denken

Da die Bereitschaft zu einem Verhalten, das sich für die Lebensrechte der Schwachen und Armen einsetzt, angesichts der in Familie und Gesellschaft herrschenden Einstellungen zu diesen Gruppen erst geweckt werden muß, ist der RU verpflichtet, sich für die »ständige Erneuerung des Denkens« einzusetzen, »die Menschen von dem Zwang vorgegebener Schemata befreit und zu neuen Lösungen führt« (9/24). Zu diesem Zweck hat er den Heranwachsenden die biblisch-christliche Tradition als Hilfe zur Orientierung und Verhaltenssteuerung anzubieten und ihnen Sinn- und Wertvorstellungen zu vermitteln, die eine Alternative zu den Tendenzen in Familie und Gesellschaft bilden. In der Auseinandersetzung mit ihr sollen die Schüler erkennen, daß »der christliche Glaube von den angeblichen Sachzwängen und der vorschnellen Anerkennung unbegriffener Mächte befreit« und auf eine Veränderung der bestehenden Verhältnisse »in Richtung auf eine Ordnung der Gerechtigkeit und des Friedens« drängt (9/33); zugleich sollen sie dadurch instandgesetzt werden, in Anknüpfung an zwanghaft-bedrückende,

aber veränderbare Lebenssituationen und Leitbilder »einfache, alternative Modelle der Lebensgestaltung und Lebenserwartung zu entwickeln« (9/34).
Die hier anvisierten Aufgaben machen deutlich, daß Stoodts Leitidee der Emanzipation einerseits traditions- und gesellschaftskritische Elemente umfaßt, d. h. vom Interesse am »Freiheitszuwachs gegenüber Autoritäten und Normen« (9/32) bestimmt ist; ebenso deutlich ist andererseits aber auch, daß hier kein »abstrakter, anarchischer und liebloser Emanzipationsbegriff« (9/32) vertreten, sondern dieser mit konstruktiven Gehalten – mit Elementen, die der biblisch-christlichen Überlieferung entstammen – gefüllt wird. Offensichtlich steht dahinter die Überzeugung, daß der Schüler nicht schon dadurch zur Mündigkeit gelangt, daß er sich von Abhängigkeiten befreien lernt, sondern diese nur dann erreicht, wenn er bereit und fähig wird, sich mit anderen zu solidarisieren und an Lebensmodellen zu orientieren, die ein nonkonformistisches, vom Geist der Brüderlichkeit erfülltes Denken und Verhalten widerspiegeln.

B. Das Verhältnis zu Schule und Kirche

Mit dieser Zielsetzung partizipiert der RU am Bildungsauftrag der Schule. Auch sie darf sich, will sie ihrer pädagogischen und gesellschaftlichen Verantwortung gerecht werden, nicht mit der Vermittlung von Kenntnissen und Fertigkeiten zweckrationaler Art zufrieden geben, sondern muß dem Heranwachsenden auch zu einer emanzipatorischen Lebensbewältigung verhelfen. Andernfalls würde sie den für die Zukunft des Schülers und der Gesellschaft gefährlichen, weil zutiefst unmenschlichen Trend zur Verdrängung der Frage nach dem sinnvollen und guten Leben unterstützen und dazu beitragen, daß Technik und Wissenschaft immer mehr zu einer Ideologie werden, »mit der man am Funktionieren des Wohlstands, des großen oder doch kleinen Glücks, des Fortkommens, der Liebe usw. interessiert ist« (9/7). Während die Schule jedoch die Sinn- und Zielfragen der persönlichen und gesellschaftlichen Lebensgestaltung ohne ausdrücklichen Bezug auf die religiöse Überlieferung artikuliert, arbeitet der RU sie »im Blick auf den Beitrag der Religionen und speziell der christlichen Erfahrung« (9/6) auf. Diese inhaltliche Besonderheit ändert aber nichts an der Tatsache, daß dieser Unterricht schulischen bzw. gesellschaftlichen Zwecken dient und insofern ein Fach darstellt, auf das Schule und Gesellschaft um ihrer selbst willen nicht verzichten können.
Auf der anderen Seite partizipiert der RU mit dieser Zielsetzung auch

am Auftrag der Kirche. Zwar wird dieser in der Regel lediglich darin gesehen, Individuum und Gesellschaft zu stabilisieren. Da und dort bricht heute jedoch – bedingt durch die theologische Rückbesinnung auf die emanzipatorischen Gehalte der biblisch-christlichen Überlieferung, bedingt aber auch durch die soziologische Entdeckung, daß dieses Verständnis des kirchlichen Auftrags einseitig an den Bedürfnissen und Problemen der Mittelschicht orientiert ist – die Erkenntnis durch, daß die Kirche nicht nur zur Stabilisierung, sondern auch zur Mobilisierung ihrer Glieder verpflichtet ist; dazu, sie zur Erneuerung des Bewußtseins, der Einstellung und des Handelns zu ermutigen und anzuleiten. Wo dies der Fall ist, weisen die Ziele der Kirche und die des RU in dieselbe Richtung; hier wie dort geht es um eine durch die emanzipatorischen Impulse der Bibel und durch die Erfahrung von Gemeinschaft motivierte permanente Veränderung des Verhaltens und der Verhältnisse, um ein individuelles und soziales Mündigwerden durch den Glauben an Gott. Daß Kirche und RU in diesem Punkt konvergieren, gilt auch dann, wenn man die Ziele des Unterrichts, wie hier geschehen, primär in der Lebenshilfe erblickt. Denn die Hilfe, die der Heranwachsende dabei empfängt, bildet die Voraussetzung für einen Lebensvollzug, der christlichen Charakter trägt. Die Fähigkeit zu selbständiger Entscheidung und zur Solidarisierung mit anderen sind Qualifikationen, die auch der Christ braucht; jedenfalls dann, wenn sein Christsein dem biblischen Urbild entsprechen und sich nicht in neutralisierter Religion erschöpfen soll. So betrachtet dient der RU nicht nur schulischen bzw. gesellschaftlichen, sondern auch kirchlichen Zwecken. Zumindest langfristig gesehen ist es auch ihm um den »persönlichen Glauben des Einzelnen« und um eine Gemeinschaftsbildung zu tun, die »im Horizont der Erfahrung von Gemeinde steht« (9/25).
So gewiß es in Schule und Kirche Ansätze zu emanzipatorischer Theorie und Praxis gibt, so gewiß ist andererseits auch, daß in beiden Bereichen gegenwärtig noch die Neigung zur Bewahrung des status quo dominiert und die Ziele stark konservativ definiert werden. Angesichts dieser faktisch noch herrschenden Diskrepanz zwischen den Leitbildern des RU und denen der Institutionen Schule und Kirche, vermag dieser seinen Dienst der Veränderung nur dann zu leisten, wenn er innerlich von ihnen unabhängig bleibt und weder Schule noch Kirche über seine innere Ausrichtung entscheiden läßt. Sein Verhältnis zu ihnen ist somit genau genommen ambivalent: konstruktiv und kooperativ insofern, als er zur Erfüllung der Aufgaben beiträgt, die ihnen heute eigentlich gestellt sind; kritisch und distanziert insofern, als sie diese Aufgaben noch nicht voll erfaßt haben, sondern noch Zielen anhängen, die pädagogisch und theologisch fragwürdig sind. Umso nachdrücklicher ist er

aufgerufen, aus der Orientierung an der Mitte der biblisch-christlichen Tradition heraus darauf hinzuwirken, daß sie ihren Auftrag allmählich deutlicher erkennen und richtiger verwirklichen. In dem Maße, wie dieser Lernprozeß voranschreitet, nimmt auch die Integration des RU in Schule und Kirche zu und verschwinden die letzten Zweifel an seiner pädagogischen und theologischen Legitimität.

C. Der Orientierungshorizont

Vorerst freilich hat der RU in dieser Spannung zu bleiben und seine innere Selbständigkeit zu wahren. Was ihm zu diesem Festhalten am Leitbild des befreienden Dienstes berechtigt und verpflichtet, ist das Lebensmodell Jesu. Seine Lebenspraxis bildet, da sie »das Kriterium aller von Menschen zu entwerfenden Lebensstile und Verkehrsformen« (9/23) ist, die Instanz, an der sich der RU zu orientieren und an der er andere, biblisch-christliche und außerchristliche Lebensmodelle zu messen hat. Dieser Grundsatz der Orientierung an Jesus darf jedoch nicht formal verstanden werden. Gefordert ist damit weder eine Nachahmung des Verhaltens, das Jesus an den Tag gelegt hat, noch ein direkter Nachvollzug der sittlichen Anweisungen, die Jesus gegeben hat; dabei wäre nämlich die Tatsache ignoriert, daß die Lebensbedingungen sich inzwischen grundlegend gewandelt haben, und außerdem übersehen, daß Jesus keine Lebensordnung aufstellen wollte, die das Handeln ein für allemal festlegt und in jeder Hinsicht reglementiert. Gemeint ist damit aber auch nicht, daß die christologischen Aussagen des Neuen Testaments für den RU verbindliche Vorgaben darstellen; denn diese sind »dogmatische Fixierungen,die den Lebensvorgang Jesu, deren Ausdruck sie sein sollten, gleichsam verschlucken und unkenntlich machen« (9/24). Weder in ethischer noch in dogmatischer Hinsicht bildet somit die neutestamentliche Jesusüberlieferung eine Autorität, der sich der Unterricht zu unterwerfen hat. Dieser Grundsatz meint vielmehr eine Orientierung materialer und damit eklektischer Art. Maßgeblich sind allein die Motive und Intentionen des Wirkens Jesu, die Beweggründe und Ziele seines Lehrens und Tuns. Was die Motive betrifft, so beruht Jesu Verhalten auf der »Erfahrung der Liebe Gottes« (9/25) und dem daraus erwachsenden »neuen Lebensvertrauen« (9/24). Für ihn ist Gott nicht der ferne und verborgene, sondern der nahe und offenbare; er ist überzeugt, »daß hier und jetzt in seinem Wirken Gottes Herrschaft kommt« (9/24). Von dieser lebendigen Gottesgewißheit erfüllt, verfolgt Jesus das Ziel, »die Krise der Lebenserwartung und Lebensorientierung« (9/24), in der das jüdische Volk zur Zeit der römischen Herrschaft stand, zu überwinden und durch Taten und Worte neuen Lebensmut und neue Lebensinhalte zu vermitteln. Eingedenk sowohl der Not des einzelnen als auch der Notwendigkeiten der Gesellschaft, übt er an den Lebensformen des Judentums und den sie stützenden Leitbildern Kritik und proklamiert zugleich eine neue Lebensweise, die von »erwartungsvoller Lebensgewißheit« und einem »für alle heilsamen Richtungssinn« (9/25) bestimmt ist. Wie Jesu eigenes Verhalten zeigt, ist diese neue, in Auseinandersetzung mit den inhumanen Lebens- und Gesellschaftsordnungen seiner Zeit entwickelte Lebenspraxis dadurch gekennzeichnet, daß sie die zwanghaften Bindungen, denen Menschen damals unterworfen waren – die Bindung an Familie und Sitte, an Besitz und Macht, an göttlich-sanktionierte Gesellschaftsnormen und an hierarchische Gesellschaftsordnungen – aufhebt und diese Orientierungsdaten durch neue, in Freiheit ergriffene Werte, ersetzt: durch die »Bruderschaft im Geist«, durch die »Hingabe von Existenz und Besitz«, durch eine »für die Bedürfnisse des Nächsten sensibilisierende Gottesbeziehung« und durch die »Mitverantwortung für die Feinde« (9/35). Am Lebensmodell Jesu läßt sich somit ablesen, was die Erfahrung der Liebe Gottes bewirkt. Sie befreit vom Zwang zur Anpassung an die herrschenden Zustände sozialer, sittlicher und religiöser Art und sie ermächtigt zu Versöhnung, konkreter Solidarität, zum Engagement für die elementaren Lebensrechte und Lebensbedürfnisse sowie zu einem Machtgebrauch zugunsten der Lebenserfüllung aller. Indem der RU sich an den Motiven und Intentionen Jesu orientiert, leistet auch er einen Beitrag zur Überwindung der Krise, in der sich die heranwachsende Generation hinsichtlich ihrer Lebenserwartung und Lebensorientierung heute befindet. Wie Jesus stiftet er dann zu einer »permanenten selbst- und sozialkritischen Erneuerung des Bewußtseins und zu einer entsprechenden Veränderung des Verhaltens (9/23) an. Allerdings ist dieser emanzipatorische Effekt davon abhängig, ob es ihm gelingt, dem Schüler nicht nur die Ziele, sondern auch die Beweggründe Jesu zu vermitteln und ihm die Liebe Gottes so nahe zu bringen, daß sie zu einem Element seiner Erfahrung wird. Wo dies gelingt, erweist sich das Evangelium auch heute als kritisch-konstruktive Kraft, die den beschädigten Menschen stabilisiert und zu Selbstbestimmung und Verantwortungsübernahme befreit und ermutigt.

D. Die Inhalte und Verfahren

Um diese von der Lage des Schülers her gestellte, pädagogisch und theologisch legitime Aufgabe der emanzipatorischen Lebenshilfe erfüllen zu können, ist es unerläßlich, die Inhalte und Verfahren des RU so zu bestimmen, daß sie diesem Zweck entsprechen und seine Realisierung fördern.

1. Das Gegenstandsfeld

Auf die inhaltliche Ebene übertragen, bedeutet dieser Grundsatz der Lernzielorientierung, daß der Unterricht jene Lebenssituationen zu thematisieren hat, in denen der Heranwachsende sich als Unmündiger erweist und in besonderem Maße des erzieherischen Beistands bedarf. Wie sich bereits bei der Analyse des seelischen Habitus des jungen Menschen gezeigt hat, gilt dies vorrangig für solche Konstellationen, die dieser als komplex und konfliktträchtig empfindet und in denen er aufgrund seiner sozialisationsbedingten Ich-Schwäche sich den herrschenden Tendenzen anpaßt und den geltenden Satzungen unterwirft. Allen diesen Situationen ist gemeinsam,

- daß sie »in das Netz persönlicher, sozialer und institutioneller Beziehungen eingespannt sind« (9/42) und den Schüler mit Rollenerwartungen konfrontieren, in denen sich die Verhaltensansprüche und Sinnmuster seiner Umwelt widerspiegeln;
- daß sie trotz ihres Bestimmtseins durch das Wert- und Deutungssystem der Bezugspersonen, Bezugsgruppen und gesellschaftlichen Institutionen und entgegen ihrer fatalistischen Einschätzung durch den Heranwachsenden veränderbar sind und insofern Raum lassen für das nonkonformistische Handeln des Einzelnen, und
- daß sie deshalb rechtverstanden Entscheidungscharakter tragen, d. h. sowohl in individueller als auch in gesellschaftlicher Hinsicht »die Fragen der Zielsetzung, der Sinnfindung, der Normen und der Handlungsorientierung« (9/41) aufwerfen und lebenspraktisch relevante Stellungnahmen notwendig machen.

Diese in den Sozialisationsprozeß verflochtenen Entscheidungssituationen bilden das Gegenstandsfeld, das der RU zusammen mit Gesellschaftslehre und sprachwissenschaftlichen Fächern zu bearbeiten hat. Auch er befaßt sich – allerdings unter stärkerer Berücksichtigung der religiösen Traditionen und Institutionen, die Einstellung und Verhalten steuern – mit den Entscheidungssituationen des Schüleralltags. Da ein alle diese Fächer übergreifendes Curriculum noch nicht vorliegt, ist der Religionsunterricht gezwungen, ein fachspezifisches Curriculum zu erstellen und die »Problem- und Handlungsfelder« (9/40) zu benennen, für die er sich in besonderer Weise verantwortlich und zuständig weiß.
Bei der Auswahl dieser Themen ist, neben dem allgemeinen Gesichts-

punkt ihres Wert- und Sinngehaltes, der Schüler das maßgebliche Kriterium. Nur diejenigen Stoffe haben im Unterricht einen legitimen Platz, die den Interessen und Bedürfnissen des jungen Menschen entsprechen und geeignet sind, ihn zu motivieren. Dieser Maßstab ist freilich mit der Schwierigkeit belastet, daß diese Interessen und Bedürfnisse noch nicht repräsentativ ermittelt sind. Um trotzdem die spezifischen Lernfelder dieses Fachs namhaft machen zu können, gebraucht Stoodt ihn pragmatisch. Seiner Auffassung nach sind in diesen Katalog solche Themen aufzunehmen, die sich, gemessen am Maßstab der Motivationskraft, in der unterrichtlichen Praxis bewährt und damit den Nachweis erbracht haben, daß sie die Schülersituation tatsächlich treffen. Wie die »Materialien zur Lernplanung« (9/47 ff) zu erkennen geben, trifft dies auf insgesamt 35 Einzelthemen zu. Diese berücksichtigen zwar auch das Erfahrungsfeld Kirche, befassen sich jedoch hauptsächlich mit Konstellationen, in denen die Sinn- und Wertfrage laut wird: mit dem Problem der Angst, der Arbeit, des Dienens, des Gehorsams, des Leids, der Schuld oder des Todes.

Erst im Rahmen dieser situativen Einzelthemen kommen religiöse Dokumente aus Vergangenheit und Gegenwart, vorrangig die Wert- und Sinnauslegungen des biblisch-christlichen Glaubens, zum Tragen. Diese Tatsache, daß die Elemente der Überlieferung stets in bestimmte Themenfelder integriert sind, weist darauf hin, daß sie nicht als selbständiger Gegenstandsbereich betrachtet, sondern als Funktionsträger eingestuft werden; als Lerninhalte, die um bestimmter Zwecke willen verwendet und nach Maßgabe dieser Zwecke ausgewählt werden. Ihre Funktionalisierung ist allerdings insofern eingedämmt, als das Selektionsprinzip, das über ihre unterrichtliche Brauchbarkeit entscheidet, nicht normativ geartet, sondern rein formaler Natur ist. Ausschlaggebend ist nicht ihre emanzipatorische Qualität – ihre Fähigkeit, den Heranwachsenden zur Überwindung der psychischen Zwänge der neutralisierten Religion und zu einem mündigen Lebensvollzug anzuleiten – sondern allein ihre Themaadäquatheit. Offensichtlich ist Stoodt daran interessiert, die religiösen Überlieferungen unzensiert und unverkürzt in den Unterricht einzubringen und den Schüler zur Auseinandersetzung mit ihrer Erfahrungsdeutung und Erfahrungsbewältigung zu motivieren, auch wenn diese in Spannung bzw. Widerspruch zu den Zielen steht, die der RU verfolgt. Dieses Interesse an der Vermittlung und Aufarbeitung überkommener Wert- und Sinnmuster, von denen der genannte Auswahlgrundsatz zeugt, macht sich in den meisten Unterrichtseinheiten bemerkbar und hat zur Folge, daß eine beträchtliche Zahl religiöser Dokumente – fast ausschließlich biblisch-christlicher Herkunft – in den Stoffkanon aufgenommen wird. Bei der Behandlung des Themas »Arbeit – Beruf – Leistung« z. B. ist daran gedacht, anhand ausgewählter Texte deren Einschätzung in Israel, im Neuen Testament, in der Antike, im Mittelalter, in der Reformationszeit, im Protestantismus und im Sozialismus zur Sprache zu bringen. In der Regel tritt freilich an die Stelle dieses materialreichen historischen Längsschnitts der stofflich weniger befrachtete bibeltheologische oder systematisch-theologische Querschnitt, der in exemplarischer Weise verdeutlich, wie Bibel und Theologie die Erfahrungsphänomene verstehen: das Böse, Freude und Trauer, das Leiden oder die Schuld.

Neben diesen vorrangig interpretierenden Elementen der Wert- und Sinntradition tauchen in der Liste der Lerninhalte nicht selten auch Aussagen der Human- und Gesellschaftswissenschaften auf, deren Funktion die Analyse und Erklärung dieser Erfahrungen ist: der Aggressivität, der Friedlosigkeit, des Leids oder der Sexualität. Da der Beitrag der empirischen Wissenschaften naturgemäß lediglich begrenzt zu Wort kommt, ist nicht sicher zu entscheiden, ob auch er unzensiert und unverkürzt in den Lernprozeß einfließt.

Aufs Ganze gesehen steht jedoch fest, daß die Auswahl der Stoffe nicht unter dem Diktat des Globalziels erfolgt, sondern nach sachlich-thematischen Kriterien durchgeführt wird und deshalb auch solchen Auffassungen Raum gewährt, die keinen emanzipatorischen Charakter tragen. Daß die Stoffe ein relatives Eigengewicht besitzen, bedeutet freilich nicht, daß sie über die Werte und Sinndeutungen bestimmen, die der RU zu vermitteln hat. Weder die religiöse Tradition noch die Wissenschaften stellen normative Vorgaben dar, deren Anspruch sich der Unterricht unbesehen zu beugen hätte. Sie bilden vielmehr Materialien, die im Verlauf des Unterrichts am Maßstab ihres befreienden und ermutigenden Effekts und damit am Leitbild des Lebensmodells Jesu auf ihre Relevanz hin zu überprüfen sind. Nur so ist die Gewähr gegeben, daß sie die Bestrebungen des RU nicht neutralisieren, sondern fördern und tatsächlich dazu beitragen, den Heranwachsenden mündig zu machen.

2. Die Strategien

Soll der RU die ihm gesteckten Ziele erreichen, so muß er zwei ganz verschieden geartete, jedoch zusammengehörende und sich ergänzende Verfahren verwenden: die Information und die Interaktion.

Daß der RU informatorischen Charakter trägt und »nach den Gesetzen der Informationstheorie und der Kybernetik, also nach den Techniken der Verhaltenspsychologie und des programmierten Lernens« (3/298) zu gestalten ist, wird von Stoodt aus einem doppelten Grunde aus-

drücklich hervorgehoben. Einerseits soll damit klargestellt werden, daß dieser Unterricht nicht »predigen und überzeugen« (3/295), d. h. im Stil gottesdienstlicher Veranstaltungen den Schüler für den christlichen Glauben gewinnen will, sondern darauf bedacht ist, kognitive Lernprozesse in Gang zu bringen und ein »Potential an verfügbaren Kenntnissen« (3/297) aufzubauen, bzw. das »Einsehen und Verstehen von Zusammenhängen« (3/295) zu fördern; andererseits soll damit zum Ausdruck gebracht werden, daß es auch im RU um ein effektives Lernen geht und – eingefleischten Vorurteilen zum Trotz – auch in ihm Gesichtspunkte wie Leistungsverbesserung und Erfolg einen legitimen Platz haben. Den Heranwachsenden möglichst optimal informieren, bzw. ihm eine gründliche Sachkompetenz vermitteln, heißt freilich nicht, ihm lediglich Tatsachen – historische oder dogmatisch-ethische Daten – zur Kenntnis bringen; Information heißt vielmehr immer auch, ihm eine »Reflexionsanleitung« (1/58) geben, damit er wissen und entscheiden kann, was im Traditionsraum Christentum vernünftigerweise und fundierterweise gilt.
Diese unter dem Einfluß Th. Wilhelms formulierten Vorstellungen über das Verfahren der Information werden in späteren Abhandlungen zwar keineswegs aufgehoben; offensichtlich werden sie jedoch als einseitig und unzulänglich empfunden. Bereits 1971 wird deshalb auf die Gefahr des manipulativen Gebrauchs dieser Methode aufmerksam gemacht und die Befürchtung ausgesprochen, dadurch könnten Spontaneität und Denken ausgeschlossen und der Anpassung des Schülers an die Normen und Verhältnisse der Gesellschaft Vorschub geleistet werden (3/298). Vor allem wird nunmehr, nachdem in das Zielspektrum des RU auch affektive und pragmatische Elemente Eingang gefunden haben, das kognitive Lernen als nicht ausreichend bewertet. In Abgrenzung gegen Th. Wilhelms optimistische Vorstellungen über die Tragweite dieses Verfahrens, hebt Stoodt jetzt hervor, daß dieses noch nicht den Willen mobilisiere und nicht automatisch zu einer Anwendung des als richtig Erkannten auf die Lebenspraxis führe (2/4; 3/301). Seiner Meinung nach muß ein Unterricht, der zu einem Handeln im Sinne Jesu befähigen will, vielmehr auch den psychischen »Verarbeitungsprozeß« (2/5) berücksichtigen und die emanzipationshemmenden Einstellungen abzubauen, bzw. die Affekte zu verändern suchen. Da diese aber durch die im Verlauf der Sozialisation internalisierten Sinn- und Wertnormen bedingt sind, hat der RU die Sozialisationsvorgänge aufzuarbeiten und an den durch sie verursachten emotionalen Fixierungen bzw. seelischen Zwängen die befreiende Hilfe Jesu geschehen zu lassen (2/5; 3/306). Diese Hilfe lediglich verbal, d. h. mittels kognitiven Lernens vermitteln zu wollen, ist aber nicht nur unzulänglich, sondern

insofern sogar bedenklich, als es dadurch zu einer »Scheinemanzipation« (4/122) bzw. zu einer »Scheinmündigkeit« (5/231) kommt; dazu, daß der Schüler zwar auf intellektueller, nicht aber auf affektiv-pragmatischer Ebene von diesen Bindungen frei wird und deshalb dazu neigt, sein tatsächliches Gebundensein zu vergessen bzw. zu verdrängen. Um im Motivationszentrum Veränderungsprozesse in Richtung auf Emanzipation und Mündigkeit in Gang zu bringen, bedarf es deshalb eines »therapeutischen Verfahrens« (2/3f; 3/310): der Interaktion.

In begrifflicher Anlehnung an J. Habermas und seine Unterscheidung zwischen zwei sozialen Handlungstypen – dem zweckrationalen Arbeiten und der symbolischen Interaktion – wird Interaktion als »sprachliche Verständigung über die in unserer Gesellschaft geltenden und gelten-sollenden Werte und Verhaltensmuster« (3/301) verstanden: als eine herrschaftsfreie Form der Kommunikation, deren Ziel die »Emanzipation und Individuierung des einzelnen« (3/300) ist[12]. Übertragen auf den Unterricht bezeichnet dieser Begriff eine spezifische Art der Gruppenarbeit bzw. des Gruppengesprächs: die Selbsterfahrungsgruppe (2/6; 4/122). Der Gegenstand, der in ihr verhandelt werden soll, sind die genannten seelischen Phänomene; die internalisierten Grundeinstellungen, die das Leben der Heranwachsenden bedrükken und sie »schwach und unmündig halten« (2/5). Diese Symptome einer neutralisierten Religion zu beheben, bzw. das religiöse Bewußtsein zu erneuern (8/152f) und die Schüler damit zu wirklicher Selbstbestimmung zu befreien (3/310), ist der Zweck dieser interaktionellen Prozesse. Offensichtlich weiß aber auch Stoodt, daß – jedenfalls unter schulischen Bedingungen – die Wirkungsmöglichkeiten einer Selbsterfahrungsgruppe begrenzt sind. Neben diesen sehr weit gehenden Funktionsbestimmungen, die eine Parallelisierung von Interaktion und psychotherapeutischen Methoden vermuten lassen, finden sich nämlich auch solche, die den Zweck von Gruppenprozessen zurückhaltender definieren und ihn nicht in der Heilung der Sozialisationsschäden, sondern in ihrer Bewußtmachung und ansatzweisen Korrektur sehen; darin zu »Selbstklärung und Verhaltensänderung« (9/11) zu verhelfen. Um dies zu erreichen, genügen Maßnahmen, die auf seiten des Religionslehrers zwar eine gewisse psychologische Kompetenz voraussetzen, die aber den Rahmen einer Unterrichtssituation nicht grundsätzlich sprengen. Dabei ist vor allem an Konfliktregelungsspiele und deren

[12] Zur Habermas-Rezeption Stoodts vgl. K. Dienst: Religionsunterricht – Interaktion – Gesellschaft (Der Evangelische Erzieher 1971 H. 1, S. 10ff), sowie G. Otto: Schule und Religion, 1972, S. 21ff.

Verarbeitung gedacht. Während das Spiel selbst dem Unterrichtenden über die »Konfliktsituationen und Konfliktpotentiale« Aufschluß gibt, »in und mit denen die Schüler faktisch leben, ohne sie jemals in geordneten Durchgängen prüfen zu können« (2/8), dient die sich daran anschließende Verarbeitung dazu, die im Spiel sichtbar gewordenen Einstellungs- und Verhaltensmuster bewußt zu machen und die Ablösung des Schülers von ihnen in die Wege zu leiten. Dies geschieht dadurch, daß die Klasse »Spielfragmente und deren Hintergründe diskutiert« und der Unterrichtende die sich dabei ergebenden »fruchtbaren Momente« benutzt, um biblische Informationen und pädagogisch-seelsorgerliche Impulse in den Kommunikationsprozeß einzubringen (2/9). Auf diese Weise kehrt die Klasse »zwischen den Spielen« (2/9) zu sachbezogenem Arbeiten zurück. Neben soziodramatischen oder psychodramatischen Spielen kann aber auch das bildnerische Darstellen von Bezugspersonen, die in Konflikten eine dominierende Rolle spielen, sowie die emotionale Beziehung, die Schüler zu einander haben – die Zuneigung und Abneigung, die sie empfinden und die ihr Verhalten bestimmt – zum Ausgangspunkt und Thema dieses Verarbeitungsprozesses gemacht werden (2/9). Daß in dessen Verlauf auch Probleme auftauchen können, die auf unterrichtlichem Wege nicht zu bewältigen sind – weder durch die pädagogisch-seelsorgerliche Zuwendung des Lehrers noch durch die Vermittlung biblischer Sinn- und Wertregulative als neuer und besserer Orientierungsdaten, – weiß auch Stoodt. In diesem Falle ist der Lehrer verpflichtet, mit anderen Lehrern Verbindung aufzunehmen, Elternarbeit zu betreiben oder Beratungsstellen in Anspruch zu nehmen (2/9 f); keinesfalls endet seine Verantwortung damit, daß er RU erteilt.
Was schließlich die Zuordnung dieser beiden Unterrichtsstrategien – der Information und der Interaktion – betrifft, so ist nunmehr deutlich, daß sie im Verhältnis der Wechselwirkung stehen. Einerseits sind die kognitiven Lernprozesse, die dem Heranwachsenden Kenntnisse und Einsichten insbesondere biblisch-christlicher Art vermitteln, von interaktionellen Prozessen abhängig; davon, daß diese fruchtbare Momente erzeugen und damit ein wirkliches und wirksames Erfassen dieser Informationen – der Hilfe Jesu – ermöglichen; andererseits sind aber auch die interaktionellen Prozesse auf die informatorischen Elemente angewiesen, da erst sie dem Schüler Alternativen zeigen und ihm Kriterien für Selbsteinschätzung und Verhaltensänderung an die Hand geben.

III. Kritik

In der fachdidaktischen Diskussion ist Stoodts Konzeption eines sozialisationsbegleitenden und Sozialisationsprobleme aufarbeitenden RU ganz verschieden eingestuft und bewertet worden. Während G. Otto in ihr eine Neuauflage der »Evangelischen Unterweisung« erblickt – u. a. mit der Begründung, daß auch sie die biblisch-christliche Tradition als uneingeschränkt verbindlich erachtet[13] – sieht H. Schmidt in ihr eine Variante jener problemorientierten Religionsdidaktiken, die wichtige Aspekte dieser Überlieferung, insbesondere den Gedanken der Gottesherrschaft, außer Acht lassen und sie infolgedessen, ähnlich wie S. Vierzig, ethisieren, d. h. ihr lediglich eine moralische Relevanz zuschreiben[14]. Sicherlich rührt diese widersprüchliche Einschätzung z. T. davon her, daß Otto und Schmidt ihrerseits gegensätzliche Vorstellungen vom Sinn und Zweck des RU haben; sie ist außerdem aber auch darin begründet, daß Stoodt über die Prämissen seiner Theorie – ihre theologischen, aber auch psychologisch-anthropologischen Basissätze – keine klare, über Andeutungen hinausgehende Auskunft gibt.
Was seinen Zielbegriff der Emanzipation betrifft, so scheint er stark vom Menschenbild der Psychoanalyse bestimmt zu sein. Auch sein Leitbild ist der reife und weise Mensch, der sich von den Gefühlsfiguren und Verhaltensmustern der frühen Kindheit gelöst, d. h. den psychischen Infantilismus – Ohnmachtsbewußtsein und Unterwerfungszwang – überwunden hat und deshalb imstande ist, seine Möglichkeiten und Grenzen realistisch zu beurteilen, seine Interessen angemessen, aber auch nachdrücklich zu vertreten und durchzusetzen, die Interessen anderer zu respektieren und zu fördern, sowie das ihm beschiedene Los so zu bewältigen, daß er daran nicht zerbricht. Unbestreitbar ist freilich, daß in dieses Menschenbild ethische Werte des Christentums – insbesondere der Gedanke der tätigen Verantwortung für den Mitmenschen und die Gesellschaft – Eingang gefunden und zur Korrektur der ihm von Haus aus eigenen individualistischen und selbstischen Tendenzen geführt haben. Deutlich ist ferner, daß in Stoodts Augen das Emanzipiert- bzw. Erwachsenwerden des Menschen an religiöse Voraussetzungen gebunden und davon abhängig ist, daß der Heranwachsende Erfahrungen mit einer biblisch qualifizierten Frömmigkeit macht, bzw. aus der Begegnung mit dem emanzipatorischen Lebensmodell Jesu befreiende und ermutigende Anstöße empfängt. Zweifellos liegt auch an

[13] G. Otto: Schule und Religion, 1972, S. 28 und 30.
[14] H. Schmidt: Religionspädagogische Rekonstruktionen, 1977, S. 37.

dieser Stelle eine Modifikation psychologischer Vorstellungen vor; zumindest insofern, als die Psychoanalyse in der Regel nicht bereit ist, die Personwerdung durch spezifisch christliche Stabilisierungs- und Mobilisierungshilfen zu fördern. Trotzdem hat man an einigen Punkten den Eindruck, daß Stoodt diesem Menschenbild verhaftet bleibt. Zwar läßt sich die Frage, welche Relevanz in seinen Augen das persönliche Gottesverhältnis für den Prozeß der Emanzipation hat, nicht eindeutig beantworten; seine Ausführungen über die Funktion des Gebets und des Sündenbekenntnisses (4/124 f) legen aber die Vermutung nahe, daß er ihm keine grundlegende Bedeutung zuschreibt, sondern die Auffassung vertritt, daß die genannten Erfahrungen und Begegnungen hierfür ausreichen und kräftig genug sind, menschliches Leben zu fundieren und zu verändern.

Neben Stoodts anthropologisch-pädagogischem Leitbild ist auch seine Vorstellung vom Orientierungshorizont des RU kritisch zu befragen. Daß er im Lebensmodell Jesu das Sachkriterium erblickt, an dem alle anderen Lebensentwürfe, christliche und nicht-christliche, zu messen sind, ist zweifellos ebenso positiv zu bewerten, wie die Tatsache, daß für ihn nicht nur die sittlichen Ziele Jesu, sondern auch seine religiösen Beweggründe paradigmatischen Charakter besitzen. Denn damit ist sowohl die Singularität Jesu unterstrichen als auch eine kurzschlüssige Moralisierung seines Redens und Handelns abgewehrt und klargestellt, daß Jesu emanzipatorisches Verhalten in der Erfahrung der Liebe Gottes begründet ist. Trotzdem sind sowohl gegenüber Stoodts Jesusbild als auch gegenüber dessen didaktischer Funktion Bedenken anzumelden. Grundsätzlich ignoriert wird der als historisch gesichert zu betrachtende Gesichtspunkt, daß Jesus aus seiner Gottesbeziehung nicht nur den Mut schöpfte, in Wort und Tat neue Lebensziele zu verfolgen, sondern auch die Überzeugung gewann, daß Gott seine heilsame Herrschaft in der von Sünde, Tod und Leiden gekennzeichneten Welt durchsetzen und allen Widerständen zum Trotz sein Reich aufrichten wird. Es liegt auf der Hand, daß mit dem Gedanken der Gottesherrschaft auch dessen christologische Implikationen entfallen; insbesondere die Vorstellung, daß Jesus der von Gott gesandte Heilsbringer ist, den Gott nicht im Tode ließ, sondern zu neuem Leben erweckte und ihm göttliche Vollmacht verlieh. Daß diese Aspekte der neutestamentlichen Christologie beiseite bleiben, ist sicher auch dadurch bedingt, daß sie als zeitbedingte bzw. sekundäre Interpretationen des Lebensmodells Jesu eingestuft werden. Der Hauptgrund hierfür dürfte allerdings darin liegen, daß sie in Stoodts Augen die emanzipatorische Grundtendenz seiner Konzeption – ihr Interesse am Autonom- und Autarkwerden des jungen Menschen – gefährden. Die Vorstellung vom Herrsein Gottes könnte die internalisierte Neigung zur Unterwerfung unter Autoritäten verstärken und die Vorstellung von der Heilsmittlerschaft Jesu dazu führen, daß sie als Kompensator der Ich-Schwäche fungiert und damit den frühkindlichen Infantilismus zementiert. Vor allem deshalb, weil es das Erziehungsziel nicht erlaubt, wird somit diesen Elementen des biblischen Christuszeugnisses keine regulative Bedeutung für den RU zuerkannt, bzw. dafür plädiert, das ethisch-religiöse Lebensmodell Jesu zum Orientierungshorizont zu erheben.

Was dessen didaktische Funktion betrifft, so erschöpft sie sich zweifellos nicht darin, daß Jesus die Rolle eines Vorbilds spielt; denn Stoodt will ja nicht nur die Ideale, die Jesus lehrte und lebte, unterrichtlich vermitteln, sondern auch die Motive, die ihn bestimmten – die Beweggründe seines emanzipatorischen Wirkens – Schülern erschließen. Da dies zudem nicht auf rein kognitiver Ebene, sondern in der Form des Erfahrbarmachens geschehen soll – so, daß auch die Heranwachsenden die Liebe Gottes erfahren, die für Jesus lebensbestimmend war, – ist der Vorwurf, Jesus habe hier lediglich eine Vorbildfunktion, vollends unbegründet. Vorausgesetzt, daß diese Erfahrungsvermittlung gelingt, lernt der Schüler in diesem Unterricht nicht nur Verhaltensappelle kennen; er wird in ihm vielmehr auch der stabilisierenden und mobilisierenden Kraft inne, die von Jesus ausgeht. Insofern hat diese in Wirklichkeit die Funktion, reale Emanzipation zu ermöglichen. Freilich ist zu vermuten, daß Stoodt an dieser zentralen Stelle in wirkungsgeschichtlichen Kategorien denkt und Jesus dabei als den Initiator eines Prozesses versteht, der emanzipatorischen Charakter trägt und dadurch in Bewegung gehalten wird, daß Menschen die befreiende und ermutigende Gottesliebe, die sie von anderen im Namen Jesu empfingen, weitergeben und immer neu wirksam werden lassen. Sollte diese Vermutung zutreffen, so wäre die Relevanz, die Person und Geschick Jesu für den RU haben, allerdings zu niedrig veranschlagt. So gesehen wäre Jesus nämlich lediglich in einem geschichtlichen Sinn der Ermöglichungsgrund emanzipatorischer Lebensvollzüge; die tatsächliche Befreiung und Ermutigung dagegen wäre dann nicht sein Werk – Wirkung des auferstandenen und erhöhten Herrn, – sondern eine Frucht zwischenmenschlicher, vom Geist der Freiheit und Liebe Jesu geprägter Bezüge. Daß Stoodt aus Gründen, die schon genannt wurden, die transzendenten und soteriologischen Komponenten des neutestamentlichen Christuszeugnisses aus dem Orientierungshorizont verbannt, hat – wie sich nunmehr gezeigt hat – zur Folge, daß der gegenwärtige Christus als Stabilisierungs- und Mobilisierungsfaktor entfällt. Sicherlich kann die Hinführung zu einem persönlichen Christusglauben nicht die Aufgabe des schulischen RU darstellen; aber selbst dann, wenn er sich als emanzipatorische Lebenshilfe versteht, ist er, um der von ihm vertretenen Sache willen, doch verpflichtet, die Bedeutung dieses Glaubens für die Menschwerdung des Menschen und die Humanisierung der Gesellschaft dem Schüler vor Augen zu stellen und einsichtig zu machen. Stoodts prinzipielle Ausklammerung dieses Aspekts weist noch einmal darauf hin, daß sein theologisches und religionsdidaktisches Konzept durch psychologisch-anthropologische Vorentscheidungen bestimmt und begrenzt ist.

Diese die Grundsatzfragen betreffende Kritik ist noch durch Anfragen an unterrichtspraktische Vorstellungen zu ergänzen. Das Bedenken, daß Religionslehrer in der Regel nicht über die für die Beobachtung und Aufarbeitung von Interaktionsprozessen erforderliche psychologische Kompetenz verfügen, ist zwar berechtigt, jedoch nicht entscheidend; denn dieser Mangel ließe sich z. B. durch Einführung entsprechender Fortbildungsveranstaltungen beheben. Weit gravierender ist dagegen die Frage, ob dieser RU tatsächlich noch Unterricht ist. Sicherlich versucht Stoodt, zwischen den Verfahren der Interaktion und der Information, sowie den Organisationsformen der Selbsterfahrungsgruppe und der Lerngruppe eine Balance herzustellen, die dies sicherstellt und die Gewähr dafür bietet, daß auch auf kognitivem Gebiet ein planbarer, kontrollierbarer und bewertbarer Lernfortschritt erzielt wird. Trotzdem ist zu bezweifeln, daß damit die Gefahr der Vorherrschaft gruppendynamischer Elemente gebannt ist. Denn zweifellos bilden diese – nicht die kognitiven Verfahren und Organisationsformen – das didaktische Zentrum dieser Theorie. Vor allem von ihrem Einsatz hängt es ja ab, daß das Lernziel erreicht wird und biblisch-christliche Stoffe ihre Wirksamkeit entfalten können. Hinzu kommt, daß Stoodt selber Formulierungen gebraucht, die diese Befürchtung direkt bestätigen; so z. B., wenn er davon spricht, daß das sachbezogene Arbeiten »zwischen den Spielen« anzusiedeln sei, oder den Vorschlag macht, die Stoffe erst dann in den Interaktionsprozeß einzubringen, wenn sich dafür eine günstige Gelegenheit biete (2/9). Wenn somit schon in der Theorie der Unterrichtscharakter des RU nur mühsam gewahrt wird, so ist dies für die Praxis noch weniger zu erwarten. Daß sie zu einem individual- oder sozialtherapeutischen Experimentierfeld wird und damit ein kontinuierliches und geordnetes Lernen kaum noch ermöglicht, ist eine Vorstellung, die nicht von der Hand zu weisen ist. Die psychologischen Schwierigkeiten, in die der Schüler durch einen Unterricht geraten kann, der ihm Fixierungen, Fehlentwicklungen und Beziehungsprobleme in Familie und Gruppe zu Bewußtsein bringt, ohne diese wirklich beheben bzw. lösen zu können, sieht auch Stoodt. Sein Hinweis auf die weiterführende Hilfe von Elterngesprächen, Schulkonferenzen und Beratungsstellen kann allerdings nicht befriedigen, da niemand zu garantieren vermag, daß von diesen Möglichkeiten tatsächlich Gebrauch gemacht wird. Rechnet man auch mit dem negativen Fall, so ist ernsthaft zu fragen, ob dieser RU nicht ein zu großes Risiko eingeht, d. h. den Schüler mit Realitäten konfrontiert, die er – weil letztlich allein gelassen – nicht zu bewältigen vermag.

Über dieser Kritik dürfen die zahlreichen positiven Aspekte dieser Religionsdidaktik nicht vergessen werden. Nicht nur, was ihre Analyse der Schülersituation betrifft, sondern auch im Blick auf die Aufgabenstellung des RU, kann sie den Anspruch erheben, Wesentliches, ja Entscheidendes herausgestellt zu haben. Ihr Hauptverdienst besteht jedoch darin, das Unvermögen einer lediglich verbal-kognitiven Vermittlung christlicher Glaubensinhalte bewußt gemacht und die Notwendigkeit ihres Erfahrbarmachens nachdrücklich betont zu haben. Daß gegenüber dem hier vorgeschlagenen Weg empirischer Verifikation der Traditionsgehalte – der Methode der Interaktion – Vorbehalte gemacht wurden, schränkt die Anerkennung der Leistung Stoodts nicht ein. Denn auch ein stärker biblisch-theologisch akzentuierter RU muß, will er Schülern nicht nur eine christliche Weltanschauung oder eine christliche Sittenlehre vermitteln, sondern ihnen eine echte Lebenshilfe geben, die Erfahrungskomponente nachdrücklicher als bisher hervorheben und zur Geltung bringen.

4. Teil

Die Religionsdidaktik Heinz Schmidts

Literatur:

Religionspädagogische Rekonstruktionen, 1977

Die den Zitaten beigefügten Zahlen geben die Seitenzahlen an.

Die dritte hier zu behandelnde Konzeption ist aus der Lehrplanarbeit in Baden-Württemberg erwachsen, an der Schmidt als Mitarbeiter des Pädagogisch-Theologischen Instituts Karlsruhe, bzw. des Pädagogisch-Theologischen Zentrums Stuttgart maßgeblich beteiligt war. Daß sie Gedanken aufgreift, die in den mit der Erstellung neuer Lehrpläne betrauten Institutionen und Kommissionen vorgetragen wurden, hebt ihren individuellen Charakter keineswegs auf. Die Anleihen betreffen, worauf Schmidt selber ausdrücklich hinweist, sowohl den Ansatz als auch die Struktur seiner Religionsdidaktik[15]. Sie zeigt insofern jedoch Eigenes und Neues, als sie diese Elemente in ein soziologisch und theologisch fundiertes Gesamtkonzept integriert und sie damit einem Koordinatensystem einverleibt, das sie in spezifischer Weise deutet und gewichtet. Um dieses Spezifische zu erfassen, ist es ratsam, sich bei der Darstellung dieser Position auf Schmidts »Religionspädagogische Rekonstruktionen« (1977) zu beschränken und frühere Veröffentlichungen, die offensichtlich durch die Lehrplanarbeit bedingt sind – seine Beiträge in »Theologie und Curriculum« (1975) und seine Erläuterungen zum Lehrplan für die Sekundarstufe I (»Unterricht über Glaube und Leben«, 1975) – beiseite zu lassen. Die folgenden Darlegungen konzentrieren sich auf die drei wesentlichen Aspekte dieser Theorie: ihr Bild vom Bedingungsfeld des RU, ihre theologischen Orientierungsdaten und ihre Folgerungen für den Unterricht.

[15] Religionspädagogische Rekonstruktionen. S. 103 ff. Die baden-württembergische Lehrplanentwicklung ist stark beeinflußt durch religionsdidaktische Theoreme, die K. Deßecker, G. Martin und K. Meyer zu Uptrup bereits zu Beginn der siebziger Jahre formulierten (K. Deßecker, G. Martin, K. Meyer zu Uptrup: Religionspädagogische Projektforschung, 1970; G. Martin: Religionsunterricht als Gespräch über Wirklichkeit und Glauben, in W. G. Esser, Hg.: Zum Religionsunterricht morgen, Bd. 2, 1971, S. 161 ff).

I. Das Bedingungsfeld des Religionsunterrichts

Auch für Schmidt ist die Erfahrungswelt des Schülers »Ausgangspunkt und Zielhorizont« (48) religionsdidaktischen Denkens und Handelns. Im Unterschied zu Vierzig und Stoodt, die in Problemkonstellationen die didaktisch relevanten Schülererfahrungen erblicken, bilden in seinen Augen die Alltagserfahrungen, soweit sie das Denken, Erleben und Verhalten des Heranwachsenden bestimmen, den Faktor, der für Theorie und Praxis des RU von grundlegender Bedeutung ist. Da diese Prägungen durch die Kräfte erfolgen, die in der Lebenswelt des jungen Menschen am Werk sind, ist zunächst diese einer genaueren Analyse zu unterziehen. Wer wissen will, welche Vorstellungen, Einstellungen und Verhaltensweisen der Schüler in den RU mitbringt, muß sein soziales Umfeld, seine Alltagswelt, kennen.

A. Die Alltagswelt des Schülers

Bei seiner Analyse heutiger Lebenswelt distanziert sich Schmidt von den sozialphilosophischen, in der Regel marxistisch inspirierten Versuchen, sie monokausal zu erklären und alle ihre Strukturen und Prozesse als Niederschlag einer einzigen Tendenz – z. B. der ökonomischen – zu verstehen[16]. Denn die Wirklichkeit, in der der junge Mensch lebt, ist komplexer als es diese am Leitfaden eines bestimmten Gesellschaftsideals vollzogenen Deutungen wahrhaben wollen (47). Sie ist aber auch dynamischer und widersprüchlicher als es das Bild vermuten läßt, das eine wertneutral operierende Gesellschaftswissenschaft von ihr entwirft[17]. Sie sieht zwar die Vielfalt der in der Gesellschaft wirksamen Faktoren und Bestrebungen, begrenzt deren Wirksamkeit jedoch auf Teilbereiche der Erfahrungswelt – die rationale Tendenz z. B. auf den Bereich der Wissenschaften – und steht so in der Gefahr, die »Einheit der Wirklichkeit« (48) aus dem Blick zu verlieren und die Tatsache zu ignorieren, daß diese Tendenzen in Wechselwirkung und Widerstreit stehen. Die Erfahrungswelt des Heranwachsenden muß deshalb vielmehr als ein Spannungsfeld angesehen werden, in dem eine Vielzahl antagonistischer und in ihrer Wirkung zwiespältiger Tendenzen um die Vorherrschaft ringen und Macht über den Einzelnen zu gewinnen suchen. In diesen die Gesamtgesellschaft beherrschenden

[16] Gegen Negt/Kluge: Öffentlichkeit und Erfahrung, 1972.
[17] Gegen N. Luhmann (J. Habermas, N. Luhmann: Theorie der Gesellschaft oder Sozialtechnologie, 1971).

Widerstreit sind auch schon die Schüler verwickelt und in ihrem Urteilen, Werten und Verhalten deshalb von gegensätzlichen und ambivalenten Intentionen geleitet, die ihnen eine klare Sinn- und Wertorientierung aufs äußerste erschweren, wenn nicht sogar unmöglich machen.
Welche Kräfte sind es, die die Alltagswelt gestalten und damit auch die individuellen Lebensprozesse steuern? Ist vor allen Dingen mit einem prägenden Einfluß christlicher Sinn- und Wertnormen zu rechnen?

1. Christliche Determinanten

Von der neuzeitlichen Relativierung aller Traditionen – dem Verlust ihrer Bedeutung für die ganze Gesellschaft – ist selbstverständlich auch die christliche Tradition betroffen. Im Unterschied zu früheren Jahrhunderten, in denen die christliche Religion Sinn und Ordnung der gesamten Gesellschaft konstituierte, bzw. das Zusammenleben der Einzelnen und der Gruppen regulierte, stellt sie heute keine Instanz mehr dar, die »für stabilisierte Anschauungen, wirksame Ordnungen und eine lebendige Gestalt der entsprechenden Formen des Alltagslebens sorgt« (123). Sie hat in der Gegenwart aber nicht nur ihre einstige, die gesamte Erfahrungswelt umfassende Integrationsfunktion eingebüßt, sondern – damit zusammenhängend – auch ihre Legitimationsfunktion für die Gesellschaft verloren. Sie verkörpert heute keine Sinn- und Wertautorität mehr, die alle Gruppen und Individuen als verbindlich anerkennen und als Maßstab für ihre Lebensvollzüge akzeptieren. Die christlichen Sinn- und Wertnormen besitzen in der neuzeitlichen Lebenswelt – bedingt durch den Wegfall des christlichen Einflusses auf die gesellschaftlichen Strukturen und Prozesse – keine allgemeine Plausibilität mehr, sondern sind im Gegenteil umstritten. Sie werden durch anders geartete Sinndeutungen und Handlungsorientierungen in Frage gestellt, die zwar ebenfalls keine gesamtgesellschaftliche Macht und Verbindlichkeit haben, wohl aber Individuen und Gruppen maßgeblich bestimmen. Insofern gleicht die Alltagswelt des Schülers einem »religiösen und weltanschaulichen Markt« (143), auf dem eine Vielzahl widersprüchlicher Deutungs- und Regelungssysteme feilgeboten werden. Obwohl die christliche Überlieferung relativiert und durch konkurrierende Sinn- und Wertauffassungen depotenziert ist, ist ihre Wirkung auch heute noch spürbar; sie ist nach wie vor ein wichtiger Bestandteil der Lebenswelt und beeinflußt die in ihr Lebenden in unterschiedlicher Weise. Ein indirekter Einfluß auf die Einzelnen geht von jenen Traditionselementen aus, die die moderne Gesellschaft in ihren Katalog der

Grundwerte aufgenommen und damit am Leben erhalten hat. Da diese Wertkomplexe von den verschiedenen Weltanschauungsgruppen unterschiedlich interpretiert werden und in ihrer säkularisierten Form zudem ihren genuin christlichen Begründungs- und Motivationszusammenhang verloren haben, darf ihre Wirkung allerdings nicht hoch veranschlagt werden. Durch sie empfängt das Individuum weder eine konkrete Handlungsanweisung noch eine der christlichen Botschaft entsprechende umfassende Sinnorientierung. Von diesen ethischen Restbeständen abgesehen, die immerhin noch eine gewisse Plausibilität für alle besitzen, hat die christliche Überlieferung ihre Überzeugungskraft eingebüßt. Dies gilt insbesondere für ihre transzendenten Komponenten; den Gedanken der Herrschaft Gottes ebenso wie den Gedanken der Offenbarung und der Wunder Gottes. Gerade diese Vorstellungen, die den Sinnhorizont ihrer Wertnormen bilden und deshalb unaufgebbar sind, sind heute in den Geruch »kognitiver Rückständigkeit« (144) geraten; von ihnen gehen keine Anstöße auf das gesellschaftliche Bewußtsein mehr aus. Es ist deshalb kein Wunder, daß in der säkularisierten Welt die Rede von der Transzendenz zu verstummen droht.
Neben den Grundwerten, die die christliche Überlieferung in gebrochener und verkürzter Weise gesamtgesellschaftlich repräsentieren, sind es hauptsächlich die christlichen Gemeinden, Gruppen und Einzelpersonen, die sie mittels Verkündigung und gelebtem Leben in die Erfahrungswelt des Schülers hinein vermitteln und ihr eine begrenzte Wirksamkeit verschaffen. Am Maßstab der Bibel gemessen verkörpern freilich auch sie die Elemente der Überlieferung nicht in voller Authentizität. Sie rezipieren und realisieren vorrangig jene Bestandteile, die für ihr individuelles Dasein von Bedeutung und geeignet sind, ihre Identitäts- und Beziehungsprobleme zu lösen, d. h. das Sinnlose erträglich zu machen und die vielfältigen Lebenskonflikte zu bestehen. Sicherlich ist die christliche Religion in diesem Falle nicht auf ethische Prinzipien reduziert bzw. ihrer transzendenten Dimension beraubt; reduziert ist sie jedoch insofern, als sie lediglich in der Privatsphäre bzw. in der Innerlichkeit des Einzelnen zum Tragen kommt und primär dazu dient, die bedrohte Subjektivität zu stabilisieren. Nicht rezipiert und realisiert werden dagegen jene Elemente der Tradition, die Impulse und Kriterien für die Lebenspraxis des Christen – für sein Urteilen, Werten und Handeln angesichts der konkreten Herausforderungen der Alltagswelt – enthalten. Wesentlich bedingt durch diese privatistisch-subjektivistische Reduktion der biblischen Überlieferung stellt das Christentum, wie es sich heute präsentiert, keinen Faktor dar, der die Strukturen und Prozesse der Lebenswelt beeinflußt. Seine Wirksamkeit ist auf den privaten Bereich, insbesondere auf die Familie, beschränkt.

Trotzdem weigert sich Schmidt, in dieser Tendenz der Relativierung christlicher Sinn- und Wertnormen das Gesetz zu erblicken, dem auch die weitere Entwicklung unterworfen ist. Denn eine unvoreingenommene Bestandsaufnahme kann nicht übersehen, daß in der heutigen Lebenswelt auch Gegenkräfte am Werk sind, deren Ziel die »öffentliche Restitution der christlichen Tradition« (66) – ihre Wiederinkraftsetzung mit gesellschaftspolitischen Mitteln – ist. Das Vorhandensein traditionalistischer bzw. restaurativer Bestrebungen bestätigt nicht nur den antagonistischen Charakter der modernen Lebenswelt, sondern rechtfertigt auch die Überzeugung, daß der Ausgang dieses Kampfs um die gesamtgesellschaftliche Relevanz der christlichen Überlieferung noch offen ist; denkbar ist auch, daß sie zumindest ein Stück des verlorenen Terrains wieder in Besitz nimmt.

2. Säkulare Determinanten

Wie die Geschichte der Neuzeit zeigt, führte der Relevanzverlust der christlichen Tradition zu keinem Zerfall des öffentlichen und privaten Ordnungsgefüges. Daß die moderne Gesellschaft diesem Schicksal, ins Chaos zu stürzen, entging, ist der Tatsache zuzuschreiben, daß sie die Normen, die seither ihre Strukturen legitimierten, durch neue Werte zu ersetzen vermochte, die nunmehr – hochwirksamen Magneten vergleichbar – den gesellschaftlichen und individuellen Lebensprozessen Ausrichtung und Zielsetzung geben.

Wie dieser neuzeitliche Wert- und Sinnhorizont beschaffen ist, wird von Schmidt – seinem empirisch-soziologischen Denkansatz entsprechen – an beobachtbaren Vorgängen abgelesen; an den Tendenzen, die in der Gesellschaft herrschen, und an den durch sie geprägten Intentionen, die die Einzelnen verfolgen. Seiner Einschätzung nach lassen sich heute, sieht man von Traditionsrelativierung und Traditionsrestaurierung ab, vier Tendenzen und Intentionen unterscheiden:

- Bestrebungen, die darauf gerichtet sind, die Welt mittels Wissenschaft und Technik zu erobern (50 ff);
- Bestrebungen, deren Ziel es ist, die Lebenseinschränkungen zu beseitigen und die Lebensbedingungen zu verbessern (52 ff);
- Bestrebungen, die dem Gebiet zwischenmenschlicher Beziehungen gelten (56 ff)
- und Bestrebungen, die auf den Aufbau und Ausbau der Gesellschaft gerichtet sind (60 ff).

Diese Tendenzen und Intentionen sind einerseits naturgegeben, ande-

rerseits – hinsichtlich ihrer konkreten Gestalt – durch die Strukturen der jeweiligen Gesellschaft bedingt.
Was ihre naturhafte Komponente betrifft, so sieht Schmidt im Anschluß an A. Gehlen und H. Plessner[18] in den beiden ersten Bestrebungen Symptome des Selbsterhaltungstriebs und damit »biophysische Notwendigkeiten« (55), die aus der Tatsache resultieren, daß der Mensch als Mängelwesen gezwungen ist, seine natürlichen Defizite mit Hilfe der ihm eigenen Reflexivität bzw. Rationalität zu kompensieren. Aus diesem Grunde strebt die Menschheit seit ihren Anfängen danach, die Natur in den Griff zu bekommen und ihren Zwecken dienstbar zu machen. Dasselbe gilt für die Bestrebungen, die auf die Ordnung der sozialen Bezüge gerichtet sind. Daß der Mensch darauf bedacht ist, Gemeinschaftsbeziehungen herzustellen, d. h. auf der Basis von Vertrauen und Anerkennung mit anderen zu kommunizieren, stellt ebenfalls eine »Lebensnotwendigkeit« (58) dar; denn er braucht diese Art von Gemeinschaft, um seine persönliche Identität, d. h. Selbständigkeit und Sicherheit im Umgang mit der Umwelt, zu erlangen. Dieses Bedürfnis nach Selbstverwirklichung dürfte aber auch, obwohl Schmidt selbst diese Folgerung nicht zieht, das Motiv sein, das die Menschen dazu bewegt, ihre gesellschaftlichen Verhältnisse so zu gestalten, daß das Wohlergehen aller, ein Zustand des Friedens, gewährleistet ist. Ist auch diese Tendenz bzw. Intention als in der Natur des Menschen verankert anzusehen, so kann man davon ausgehen, daß für Schmidt alle vier Bestrebungen, die der heutigen Lebenswelt ihr Gepräge geben, menschliche Grundbedürfnisse repräsentieren und realisieren. Allerdings wäre es falsch, diesen naturhaften Komponenten einen dominanten oder gar ausschließlichen Einfluß zuzuschreiben. Aus diesem Grunde wird immer wieder betont, daß diese Bedürfnisse, bzw. die ihnen korrespondierenden Bestrebungen zwar zur Natur des Menschen gehören, ihre Ausprägung jedoch erst durch äußere Faktoren erhalten und insofern dem geschichtlich-gesellschaftlichen Wandel unterworfen sind (55. 59. 61).
Was diese variable Komponente betrifft, die den Tendenzen und Intentionen ihre konkrete Gestalt verleiht, so ist dabei an die prägende Kraft der jeweiligen gesellschaftlichen Strukturen gedacht, insbesondere an den Einfluß, den Institutionen und Großgruppen auf sie ausüben. Während im traditionsgeleiteten Gesellschaftssystem früherer Jahrhunderte die darin wirksamen Sinn- und Wertmuster des Christentums diesen Bestrebungen ihr spezifisches Profil gaben – dem Streben nach Lebens-

[18] A. Gehlen: Der Mensch, 1974[10]; H. Plessner: Die Stufen des Organischen und der Mensch, 1965; Philosophische Anthropologie, 1970.

verlängerung und Lebensverbesserung z. B. eine prinzipiell quietistische Gestalt, – stellen in der Gegenwart die Supersysteme – Wissenschaft, Technik und Wirtschaft – sowie die in sie eingebundenen Großgruppen bzw. Interessenverbände die maßgeblichen Steuerungsinstanzen dar. Diese Tatsache verleiht ihnen ihr typisch neuzeitliches Gepräge. Wie sie heute in Erscheinung treten und sich auswirken, ist Gegenstand einer eingehenden Analyse:

a) Das Charakteristikum der Bestrebungen, deren Ziel die Weltbemächtigung mit den Mitteln wissenschaftlicher und technischer Rationalität ist, ist darin zu erblicken, daß sie von dem Bewußtsein, prinzipiell unbegrenzt zu sein, getragen und geleitet sind. Man ist allgemein davon überzeugt, daß alle Lebensverhältnisse durchschaubar und machbar sind und sieht deshalb in der Anwendung empirisch-analytischer Verfahren und rational-wissenschaftlicher Kriterien den Schlüssel zur Erhellung aller Dimensionen der Wirklichkeit und zur Lösung aller Fragen, mit denen Einzelne und Gesellschaft konfrontiert sind. Diese Vorstellung von der Omnipotenz menschlicher Rationalität, die sich unter dem Eindruck der Erfolge von Naturwissenschaft und Technik im neuzeitlichen Bewußtsein gebildet hat und hohe Plausibilität besitzt, beeinflußt auch das Wirklichkeitsverständnis der Gegenwart. Ungeachtet der Differenzen, die in dieser Hinsicht zwischen Alltagsbewußtsein und wissenschaftstheoretisch reflektiertem Bewußtsein bestehen, gilt weithin nur das als wahr und gültig, was sich durch die äußere Erfahrung bestätigen und durch rationale Erklärung begründen läßt. Ein mehr oder weniger massiver Realismus und ein ausgeprägter Rationalismus sind demnach die Denkformen der Neuzeit, die es nahelegen, den Umfang des Akzeptierbaren auf das sinnlich Wahrnehmbare und rational Beweisbare zu beschränken. Noch einschneidender und problematischer sind die Auswirkungen, die diese Vorstellung von der Allmacht instrumenteller Vernunft auf das Verhältnis des neuzeitlichen Menschen zu seiner Lebenswelt hat. Da der Umgang mit ihr sich normalerweise am Leitbild wissenschaftlicher Weltbemächtigung orientiert, ist das ihn leitende Interesse nicht das »bessere Verständnis ihres geschichtlich-gesellschaftlichen Gewordenseins und der daraus entspringenden Möglichkeiten menschlichen Selbstverständnisses« (52), sondern die Feststellung ihrer Gesetze und Funktionen. Dadurch droht die Gefahr »einer totalen Verdinglichung der gesamten geschichtlich-gesellschaftlichen Lebenswelt zu einer enthumanisierten Welt ohne Wert und Sinn« (52). Diese Tatsache, daß die Wirklichkeit weitgehend ihre Sinn- und Wahrhaftigkeit verloren hat, läßt die Individuen nur allzu leicht in eine totale Abhängigkeit von der verwissenschaftlichten Welt, von Forschung und Technik, geraten. Der Verdinglichung der Lebenswelt korrespondiert somit die Verdinglichung bzw. Enthumanisierung des Menschen.

b) Dieselbe Ambivalenz zeigen die Bestrebungen der Gesellschaft und des Einzelnen, die der Verbesserung der Lebensbedingungen gelten. Ihre spezifisch neuzeitliche Eigenart liegt darin, daß sie von dem Bewußtsein unbegrenzter Selbstmächtigkeit bestimmt sind. Man ist überzeugt, in medizinischer, sozialer und materieller Hinsicht mittels Wissenschaft und Technik die Lebensbeschränkungen beseitigen und die Lebensmöglichkeiten erweitern zu können, und ist darum nicht bereit, sich mit einem »unbegründbaren Ende« und mit »spürbaren Einschränkungen« abzufinden (53). Dauer und Qualität des Lebens werden als Größen eingeschätzt, die allein menschlicher Verantwortung und Verfügung übertragen sind. Dabei wird jedoch übersehen, daß die Individuen bei ihren Bemühungen um ein besseres Leben in Wirklichkeit nicht autonom, sondern fremdbestimmt sind. Ihr tatsächliches Handeln wird, da ihm Sinn- und Wertregulative fehlen, von Wissenschaft, Technik und Wirtschaft gesteuert. Insofern ist die typisch neuzeitliche Vorstellung von der Selbstbestimmung und Selbstverfügung des Menschen eine Illusion. Realistisch betrachtet ist er vielmehr entfremdet und Kräften ausgesetzt, die ihn dazu bringen wollen, gegen seine Bedürfnisse zu handeln und statt der Verbesserung die Vernichtung des Lebens anzustreben. Die menschlichen Eingriffe in ökologische und biophysische Prozesse, die zu einem Teil der Lebensverbesserung und Lebenserhaltung dienen, führen zu einem anderen Teil zur Lebensvergiftung und Lebensvernichtung (56). Auch in dieser Hinsicht herrscht somit in der gegenwärtigen Lebenswelt ein für die Zukunft des Menschen und der Gesellschaft gefährlicher Antagonismus. Nicht nur die humane Substanz der Menschheit, sondern auch ihr Überleben ist heute bedroht.

c) Zwiespältig ist das Bild, das die Alltagswelt bietet, aber auch hinsichtlich der Tendenzen und Intentionen, die sich auf dem Gebiet sozialer Lebensformen zeigen. Kennzeichnend für die Neuzeit ist – bedingt durch den Wegfall traditioneller Ordnungskriterien und Gestaltungsformen – einerseits die Versachlichung aller Gemeinschaftsbezüge, andererseits die Entpersönlichung der Bezugsperson, d. h. die Relativierung der Bedeutung, die die Individuen im Hinblick auf Lebensorientierung und Lebensgestaltung füreinander haben. Während in der Neigung, das Ich-Du-Verhältnis zu versachlichen, ein positiver Trend gesehen wird, der dem Einzelnen die Chance gibt, die für seine Personwerdung erforderliche Eigenständigkeit zu erlangen, wird in der Tatsache, daß die von den Bezugspersonen repräsentierten Sinn- und Wertnormen und damit auch die Bezugspersonen selbst zunehmend an Verbindlichkeit verlieren, eine gefährliche Entwicklung erblickt. Durch diese Depotenzierung des Gegenübers entfällt nämlich die Möglichkeit, Gemeinschaftsbeziehungen herzustellen und zu pflegen, in denen gegenseitiges Vertrauen und gegenseitige Anerkennung gewährt und erfahren wird. Da sie die Voraussetzung dafür sind, daß Menschen ihre Identität erlangen, entfällt damit zugleich die Möglichkeit, die für eine selbständige Lebenspraxis erforderliche Ich-Stabilität zu erwerben. Es ist deshalb kein Wunder, daß der Mensch der Gegenwart andere Wege einschlägt, um sein Bedürfnis nach Selbstverwirklichung zu erfüllen. Neben dem Rückzug in die Innerlichkeit – dem Versuch, durch Selbstreflexion zu stabilen Sinndeutungen und Handlungsorientierungen zu gelangen – stellt die Flucht in das Kollektiv – der Versuch, durch Anpassung an die Normenwelt der Gruppe die ersehnte Selbstsicherheit zu finden – das andere Extrem dar, mit dessen Hilfe die Identitätsproblematik gelöst werden soll. Beide Wege führen freilich nicht zum Ziel. Im Falle der Vereinzelung deshalb nicht, weil hier auf Grund fehlender Orientierungsvorgaben eine »totale Sinnentleerung« (60) droht; im Falle der Kollektivierung deshalb nicht, weil eine »kollektive Sinnverordnung« (60), wie das Beispiel des Marxismus beweist, den Einzelnen entmündigt. Insofern ist auch im Blick auf heutige Formen mitmenschlicher Beziehungen ein Antagonismus zu konstatieren, der durch den Zerfall qualifizierter Gemeinschaftsordnungen verursacht und insofern bedenklich ist, als er das menschliche Grundbedürfnis nach Identität in Frage stellt.

d) Was schließlich die Bestrebungen betrifft, die im institutionell-gesellschaftlichen Bereich in Erscheinung treten, so ist als Spezifikum der Neuzeit die Tatsache zu bezeichnen, daß der Einfluß des Staates im Schwinden begriffen ist. Zwar erhebt er nach wie vor den Anspruch, den öffentlichen Frieden zu garantieren und – entsprechend seinem Selbstverständnis als Rechts- und Sozialstaat – sowohl über die Ordnung des Zusammenlebens zu wachen als auch die allgemeine Wohlfahrt zu gewährleisten. Nicht zu übersehen ist aber auch, daß er heute, mitbedingt durch den Verlust eines gesamtgesellschaftlich akzeptierten Ordnungssystems, nicht mehr in der Lage ist, diese Prinzipien, in deren Mittelpunkt die Idee der individuellen Autonomie steht, rein durchzuhalten und seinen Friedensaufgaben voll gerecht zu werden. Denn der moderne Staat ist personell und sachlich in hohem Maße von den Kräften der Gesellschaft abhängig; den Großgruppen, vor allem den Verbänden und Parteien, die – verflochten in Wirtschaft, Wissenschaft und Technik – darauf bedacht sind, »ihre Interessen durchzusetzen, die Entscheidungen des Staates in ihrem Sinne zu beeinflussen und über die Medien der Öffentlichkeit auf den Einzelnen und die Kleingruppen zu wirken« (61). Dieser Machtzuwachs der Großgruppen bzw. Interessenverbände begrenzt faktisch die Möglichkeit des Staates, die Wertprinzipien, die seinem Selbstverständnis entsprechen, politisch zur Geltung zu bringen, und drängt ihn stattdessen in die »regulierende Funktion des Interessenausgleichs« (63). Seine tatsächliche Rolle erschöpft sich darin, »die Interessen der verschiedenen Großgruppen unter der Maxime des größtmöglichen Glücks der größtmöglichen Zahl zu regulieren« (63), d. h. gesellschaftliche Konflikte zu verhindern. Damit droht aber das Bedürfnis des Einzelnen nach Frieden und damit sein Glücksanspruch zu kurz zu kommen; zumal da es fraglich ist, ob die Superstrukturen wirklich, wie sie behaupten, die Interessen der Individuen vertreten oder sie nicht vielmehr manipulieren. Insofern herrscht auch im Gesellschaftssystem der liberalen westlichen Demokratien – vom System des Kommunismus ganz zu schweigen – eine nur »leicht verschleierte Unterdrückung und Steuerung nach den Bedürfnissen Mächtiger« (63). Diese Tendenz hat dazu geführt, daß viele sich diesen Mächten hilflos ausgeliefert fühlen und den Mut verloren haben, ihre Bedürfnisse und Interessen politisch zu artikulieren. Auch auf dem Gebiet des gesellschaftlichen Lebens herrscht in der gegenwärtigen Lebenswelt somit ein Antagonismus, dessen Bedrohlichkeit für die Individuen darin besteht, daß sie entmündigt werden.

3. *Zusammenfassung*

Der Wegfall der christlichen Tradition als einer gesamtgesellschaftlichen Orientierungs- und Regulierungsinstanz hat – was die Sinn- und Wertdimension individuellen und gesellschaftlichen Lebens betrifft – zu einer tiefgreifenden Verunsicherung geführt. Zwar erhebt das neuzeitliche Bewußtsein – überzeugt von der Allmacht der Vernunft – den Anspruch, ohne Rückbezug auf Traditionen die Lebensverhältnisse so gestalten zu können, daß sie die Bedürfnisse des Menschen befriedigen und sowohl Wohlstand und Wohlbefinden als auch Selbstverwirklichung in den sozialen Beziehungen garantieren. In Wirklichkeit freilich ist die emanzipierte Vernunft der Neuzeit nicht autonom. Sie wird vielmehr durch die Geschöpfe, die sie zum Zwecke der Bedürfnisbefriedigung schuf – durch Wissenschaft, Technik, Wirtschaft und die mit ihnen verflochtenen Interessenverbände – in hohem Maße manipuliert. Dies hat zur Folge, daß sie den elementaren Bedürfnissen, die in jedem Menschen vorhanden sind, nur noch partiell gerecht werden kann, bzw. in die Gefahr gerät, die Welt zu funktionalisieren, die Lebensbedingungen der Menschheit zu vernichten, identitätsfördernde Gemeinschaftsbeziehungen zu unterbinden, das Individuum zu entmün-

digen und es zum Spielball der Supersysteme und Großgruppen zu machen. Aufgrund der allgemeinen normativen Verunsicherung – des Fehlens eines übergeordneten Sinn- und Werthorizonts – sind Gesellschaft und Einzelne nicht in der Lage, diesen für die Zukunft der Menschheit gefährlichen Tendenzen Einhalt zu gebieten.
Das zentrale Problem der Neuzeit ist somit die Frage nach einem normativen Widerlager, d. h. nach Sinn- und Wertnormen, die tatsächlich imstande sind, diese Gefahren zu bannen.

B. Die Situation des Schülers

Fragt man nach den Prägungen, die der Heranwachsende durch die Einflüsse seiner Alltagswelt empfängt, so ist es ratsam, zwei Aspekte, die bei Schmidt ineinanderfließen, auseinanderzuhalten; den formalen, d. h. die Frage nach der Intensität dieser Einflüsse, und den materialen, d. h. die Frage nach den Gehalten, die der Schüler aus seiner Umwelt übernimmt.

1. Die Intensität gesellschaftlicher Einflüsse

Die seitherige Parallelisierung von gesellschaftlichen und individuellen Bestrebungen – von Tendenzen und Intentionen – konnte den Eindruck erwecken, als sei die Prägung des Individuums durch die Gesellschaft eine radikale und der Einzelne nichts anderes als ein willenloses Werkzeug der Kräfte, die von außen her auf ihn einstürmen. In Wirklichkeit vertritt freilich weder Schmidt noch die von ihm favorisierte soziologische Theorie einen absoluten Determinismus. Beide heben vielmehr nachdrücklich hervor, daß der Mensch, da er ja die »Reflexivität« als Naturdatum in sich trägt (53. 55. 64 f), die Tendenzen der Lebenswelt nicht nur integriert, sondern zugleich als eigene Intentionen formuliert. Das Ich ist »ein sich selbst und seine Umwelt reflektierendes Subjekt«, dessen »sinnstiftende Kompetenz« sich eben darin zeigt, daß es die Sinn- und Wertmuster, die die Umwelt vermittelt, aus subjektiver Sicht deutet und bewertet und sich damit eine eigene Sinn- und Wertwelt aufbaut (114). Diese »persönliche Lebenswelt« (46) – im Unterschied zur gesellschaftlichen auch »individuelle Lebenswelt« (46) genannt – stellt das Ergebnis von Sinn- und Werterfahrungen dar, die der Einzelne in Situationen macht, »in denen er sich denkend und handelnd orientiert« (46). Diese vorrangig in kommunikativen Bezügen angesiedelten Erfahrungen »schlagen sich in Vorstellungen, Denkweisen und Einstellungen nieder, die ihrerseits an der Selektion von Erfahrungen, an der Steuerung von Verhalten, sowie an der kognitiven und emotionalen Verarbeitung und Bewertung von Erfahrungen und Verhalten beteiligt sind« (46). Absolut spontan und kreativ ist das Individuum in diesem Prozeß der Aneignung und Neukonstruktion der gesellschaftlichen Sinn- und Wertwelt demnach nicht. Seine Freiheit zur individuellen Profilierung ist vielmehr durch die Prägungen begrenzt, die es im Prozeß der Sozialisation empfing. Sie bilden die Regulative für die Auseinandersetzung mit den Tendenzen, die in der Gesellschaft herrschen. Diese Prägungen stellen aber zugleich Faktoren dar, die dem Einzelnen eine relative Freiheit von den Impulsen seiner Umwelt ermöglichen und ihn instandsetzen, unter den herrschenden Vorstellungen, Einstellungen und Verhaltensweisen selbständig auszuwählen und eine Sinn- und Wertwelt aufzubauen, die eine blinde Anpassung an die Normen der Umwelt verhindern kann. Die Freiheit des Individuums besteht demnach in seiner Fähigkeit zur Selektion. Da die Kriterien, die diese Auswahl bestimmen und über Annahme und Ablehnung von Sinn- und Wertangeboten entscheiden, sozialisationsbedingt sind, können – die Kenntnis der Sozialisationseinflüsse vorausgesetzt – relativ zuverlässige Voraussagen über die normativen Entscheidungen des Individuums gemacht werden. Was speziell das Auswahlverhalten des Heranwachsenden betrifft, so lassen sich hierfür, berücksichtigt man die Sozialisationsbedingungen in allgemeiner Weise, folgende Regeln aufstellen:

- Uneingeschränkte Zustimmung finden bei ihm Sinn- und Wertangebote, die sowohl in der Familie als auch in der Gesellschaft akzeptiert und praktiziert werden;
- nur bedingt plausibel und gültig sind für ihn Orientierungsdaten, die in der Gesellschaft nicht uneingeschränkt verbindlich sind, selbst wenn sie in der Familie ungebrochene Anerkennung finden; und
- abgelehnt werden bzw. wirkungslos bleiben Sinndeutungen und Handlungsanweisungen, die in der Bezugsgruppe – besonders in der Familie – keine Bestätigung finden oder gar nur negative Reaktionen auslösen (123).

Auch wenn diese Sozialisationsgesetze durchaus Ausnahmen zulassen, so zeigen sie doch besonders deutlich, in welch hohem Maße, dieser Auffassung zufolge, der Einzelne in seiner Lebensorientierung durch die jeweilige Umwelt geprägt, ja festgelegt wird. Der Sinn- und Werthorizont, den sie vermittelt, kann zwar selektiv verwertet bzw. individuell akzentuiert, jedoch nicht grundsätzlich transzendiert und in Frage gestellt werden.

Gilt diese Beschränkung auch für den Fall, daß – wie in der Lebenswelt der Neuzeit – die gesellschaftlichen Zielsetzungen und Bestrebungen elementare Bedürfnisse unerfüllt lassen oder regen sich unter diesen Voraussetzungen Kräfte im Menschen, die sich gegen dieses Orientierungssystem auflehnen und nach einem neuen und besseren verlangen? Selbstverständlich bestreitet Schmidt nicht, daß Sinn- und Wertdefizite, sofern sie vitale physische und psychische Interessen des Individuums berühren, den Beschwichtigungsstrategien der Supersysteme zum Trotz bewußt werden und ein Unbehagen erzeugen können. Wohl aber bezweifelt er, daß derartige Erfahrungen und Empfindungen die Frage nach einem unbedingten und absoluten Lebenssinn und Lebenswert – die religiöse Frage – wach werden lassen. Denn dieses auch von soziologischer Seite postulierte Bedürfnis[19] ist in Wirklichkeit nicht ontisch bedingt, sondern durch Umwelteinflüsse vermittelt. Ein radikales Transzendieren und Infragestellen der gesellschaftlichen Sinn- und Wertdaten, die sich am Maßstab menschlicher Lebensnotwendigkeiten gemessen als unzulänglich erweisen, findet somit, jedenfalls spontan, nicht statt; auch der Bedürfnishorizont des Einzelnen ist, wenn auch nicht total, so doch in hohem Maße, gesellschaftlich strukturiert und kanalisiert. Denkbar und möglich ist diese Reaktion allerdings dort, wo im Erfahrungsraum der Individuen Traditionen lebendig sind, in denen die religiöse Frage gestellt wird, bzw. Menschen da sind, die aufgrund ihrer Ausrichtung an anderen Sinn- und Wertnormen Modelle gelungenen Lebens realisieren. Unter ihrem Einfluß kann auch heute eine Lebensbasis gefunden werden, die dem Einzelnen Motive und Kriterien zur Distanzierung von der Normenwelt der Gesellschaft und zu ihrer Veränderung vermittelt. Gäbe es diese Alternative nicht, wäre die Gefahr einer totalen Manipulation des Individuums durch die Gesellschaft groß.

2. *Die Gehalte des gesellschaftlichen Einflusses*

Fragt man nunmehr nach den Leitbildern, die das Sinnen und Trachten des Heranwachsenden steuern und seine Denkprozesse, Werturteile und Verhaltensweisen inhaltlich prägen, so ist nach dem bisher Gesagten zu erwarten, daß sie dem entsprechen, was in seiner Alltagswelt als erstrebenswert, wahr und sinnvoll gilt. Diese Vermutung wird, obwohl Schmidt gegenüber einer pauschalen Gleichsetzung von gesellschaftlichen Tendenzen und Intentitonen der Schüler methodische Bedenken äußert, durch seine Ausführungen zu diesem Thema weitgehend bestätigt. In formaler Hinsicht allerdings zeigen sich insofern Unter-

[19] Th. Luckmann: Das Problem der Religion in der modernen Gesellschaft, 1963.

schiede, als seine jetzige Analyse die Lebenswelt nach Erfahrungszusammenhängen differenziert und im Blick auf den Heranwachsenden verschiedene »Bereiche möglicher Wirklichkeitserfahrung« (110) – sog. »Perspektiven auf Erfahrung« (108 ff) – unterscheidet[20]: den natürlich-geschichtlichen Lebensbereich (117 ff), die politisch-gesellschaftlich-kulturelle Lebenswelt (119 ff), den individuell-subjektiven Bereich (»Das Ich auf der Suche nach der eigenen Identität«) (121 f) und den religiös-weltanschaulichen Bereich (»Die gedeutete Lebenswelt«) (122 ff). Allerdings darf diese Unterscheidung nicht darüber hinwegtäuschen, daß diese Bereiche im Verhältnis der Wechselwirkung zueinander stehen und sich die jeweiligen Perspektiven, ähnlich wie die Intentionen, auf die gesamte Wirklichkeit beziehen, bzw. diese unter einem oder mehreren Aspekten aktualisieren. Von dieser Veränderung des analytischen Rasters abgesehen, kommt Schmidt an dieser Stelle jedoch zu ähnlichen Resultaten wie bei seiner Darstellung der Tendenzen heutiger Lebenswelt.

Bedingt durch den Wegfall der christlichen Tradition als allgemeingültiger Leitinstanz der Gesellschaft, ist die kirchlich-religiöse Prägung des Schülers im Schwinden begriffen. Statt einer einheitlichen und deshalb auch stabilen Sinndeutung und Handlungsorientierung, wie sie früher das Christentum vermittelte, begegnen ihm heute eine Vielzahl unterschiedlicher Sinnsysteme und Lebensformen, die in ihm das Bewußtsein der Relativität christlicher Normen wecken. Mit der Welt des Christentums kommt er bestenfalls im Familienkreis in Berührung, vielleicht auch im Kindergarten und Religionsunterricht, bzw. über die »liturgischen Restbestände gesellschaftlich sanktionierter Feste, wie sie in Familie und Umwelt als Brauchtumssplitter lebendig sind« (123). Die Wirkung dieses Einflusses ist im allgemeinen nicht groß; es sei denn, daß die christlichen Sinn- und Wertnormen durch die Bezugspersonen lebendig repräsentiert werden und das Zusammenleben der Familienmitglieder bestimmen. Aber selbst in diesem besonders günstigen und zudem nicht allzu häufigen Fall besitzen diese Elemente für den jungen Menschen, da die Praxis der Gesellschaft sie nicht bestätigt, sondern im Gegenteil ihnen widerspricht, keine fraglose Gültigkeit und uneingeschränkte Verbindlichkeit. In noch stärkerem Maße trifft dies auf den zahlenmäßig überwiegenden Teil der Schüler zu, deren Kontakt mit dem Christentum lediglich äußerlicher und sporadischer Natur ist und für die dessen Sinn- und Wertsystem – sieht man von einigen

[20] Wie die Verfasser von »Theologie und Curriculum« (1975), S. 92 ff, so benutzt auch Schmidt das Alte Testament als heuristisches Instrument zur Strukturierung heutiger Lebenswirklichkeit.

gesellschaftlich akzeptierten ethischen Grundauffassungen ab – deshalb nur geringe Plausibilität und Relevanz besitzt. Auch für den Heranwachsenden sind somit, jedenfalls in der Regel, nicht die christlichen, sondern die gesamtgesellschaftlichen Orientierungsdaten Richtschnur und Zielpunkt seiner Lebensvollzüge. Dies zeigt sich noch genauer, wenn man sich, bezogen auf die drei nicht-religiösen Lebensbereiche, die Intentionen des Schülers, vorrangig des Schülers der Sekundarstufe I, vor Augen stellt.

a) Was sein Verhältnis zu Natur und Geschichte betrifft (117 ff), so ist dieses durch und durch zweckrational geartet. Beeinflußt durch die Kategorien und Methoden des naturwissenschaftlichen Unterrichts und des Geschichtsunterrichts, ist er bestrebt, Natur und Geschichte rational zu durchdringen und seinen Zwecken dienstbar zu machen: der Verbesserung der Lebensbedingungen in sozialer und materieller Hinsicht. Da diese Unterrichtsfächer die Sinn- und Wertfrage nicht stellen, ist er den entsprechenden, in sich widersprüchlichen gesellschaftlichen Tendenzen – den Tendenzen der Verwissenschaftlichung und Verdinglichung, sowie der Lebensverbesserung und Lebensvernichtung – hilflos ausgeliefert und nicht imstande, diese kritisch zu reflektieren und selbständig zu bewerten. Auch sein Umgang mit Natur und Geschichte droht deshalb diese und ihn selbst zu verdinglichen, ja zu vernichten.

b) Was das Verhältnis des Heranwachsenden zur politisch-gesellschaftlich-kulturellen Lebenswelt betrifft (119 ff), so ist dieses durch eine »intensive Verstrickung in die ökonomischen und politischen Interessen der Erwachsenenwelt« (120) gekennzeichnet. Diese Tatsache wird, jedenfalls einem Teil der Schüler, zunehmend bewußt und als Unterdrückung empfunden: als geistige Programmierung, zu enge Verhaltensregelung und Manipuliertwerden durch die herrschenden Normen. Während die einen diesem Konflikt aus dem Wege gehen, indem sie resignieren oder aber in »revolutionäre Heilsideologien oder esoterische Heilsgemeinschaften« (119) fliehen, sind die anderen darauf bedacht, sie zu bewältigen. Vielen von ihnen erscheint freilich die in der Gesellschaft praktizierte Strategie der Konfliktlösung – der Interessenausgleich nach der Maxime des größtmöglichen Glücks der größtmöglichen Zahl – als ungenügend; sie suchen eine Lösung, die nicht nur »die Interessen gegeneinander verrechnet, so daß jeder irgendwie zufrieden sein kann«, sondern die »ein geordnetes und lebensförderndes Zusammenleben« gewährleistet: einen Frieden, der dem biblischen Ideal zumindest nahekommt (120). Insofern ist in diesem Fall die Lage der Heranwachsenden angesichts der antagonistischen Tendenzen der Gesellschaft – den Tendenzen der Unterdrückung und des Interessenausgleichs – eine andere. Sie sind zwar alle den vielfältigen gesell-

schaftlichen Zwängen ausgesetzt, reagieren auf sie jedoch unterschiedlich; nicht nur mit Anpassung oder Flucht, sondern auch mit dem Streben nach einem Frieden, der mehr ist als Interessenausgleich.
c) Was schließlich das Verhältnis des Schülers zu sich selbst betrifft (121 f), so ist es durch die Suche nach der eigenen Identität bestimmt. Da zur Verwirklichung dieses Ziels Gemeinschaftsbeziehungen unerläßlich sind, ist es, nachdem die Bezugsgruppe Familie für ihn an Bedeutung verloren hat, sein Bestreben, mit Gleichaltrigen intensive Kontakte herzustellen und im Umgang mit ihnen die erforderliche Verhaltenssicherheit zu erwerben, bzw. seine zukünftige Lebensgestaltung zu erproben. Die Sinn- und Wertnormen, die ihm die Gruppe hierfür als Orientierungsdaten an die Hand gibt, entsprechen weitgehend denen der Erwachsenenwelt. Eine Ausnahme bildet allerdings die »Hochschätzung einer Beschäftigung mit Zukunftsproblemen« (121). Diese Tatsache ist ein Indiz dafür, daß die Zukunftsorientierung bzw. Zukunftsgestaltung als eigentlicher Unsicherheitsfaktor und als Infragestellung der persönlichen Identität empfunden wird. Offensichtlich sind die auch in der Gruppe unbewußt wirksamen Normen der Gesellschaft nicht imstande, dem jungen Menschen ein überzeugendes Modell für die Bewältigung seiner Zukunftsprobleme, einen »stabilen Entwurf eines richtigen gemeinschaftlichen Lebens« (122), zu vermitteln. Aus diesem Grunde versucht ein Teil der Jugendlichen, im bergenden Kollektiv – in Gruppen mit totalen Deutungssystemen und strengen Verhaltensregulierungen – die Lösung ihrer Identitätsproblematik zu finden, während ein anderer Teil in die innere Isolierung flieht und Beziehungen zu anderen lediglich zum Zwecke der Bedürfnisbefriedigung aufnimmt. Insofern sind die gesellschaftlichen Tendenzen der Kollektivierung und der Vereinzelung auch im Leben der Schüler dieser Altersstufe ungebrochen wirksam und lassen ihm psychische Stabilität bzw. identitätsfördernde Gemeinschaftsbeziehungen zum ungelösten Problem werden.

3. Zusammenfassung

Da der Heranwachsende in seinem Denken, Werten und Verhalten in hohem Maße durch seine Umwelt bestimmt wird, bilden auch in seinem Leben in der Regel nicht christliche Sinn- und Wertnormen, sondern die Leitbilder der Gesellschaft die maßgebliche Steuerungsinstanz. Auch er mißt die Wirklichkeit am Maßstab der Rationalität, erliegt der Faszinationskraft der materiellen Werte, paßt sich den herrschenden sozialen Lebensformen an und glaubt, in ihnen seine persönliche Identität zu finden. Ein Teil der Jugendlichen freilich empfindet, obwohl

sie grundsätzlich dem rational-immanenten Denken verhaftet bleiben, diese Werte und Ordnungen als unbefriedigend; insbesondere deshalb, weil sie ihre Identitäts- und Beziehungsprobleme nicht zu lösen und ihr Bedürfnis nach Selbstverwirklichung nicht zu befriedigen vermögen. Dieses Unbehagen bleibt jedoch – bedingt durch das fehlende Angebot an überzeugenden Orientierungsdaten und Lebensmodellen – weitgehend folgenlos: weder bricht dadurch in ihnen die religiöse Frage auf, noch führt es zu einer Änderung ihrer Einstellung und ihres Verhaltens. In ihrem Werten und Handeln werden vielmehr auch sie durch die Supersysteme und Interessengruppen der Gesellschaft gesteuert und sind damit denselben Gefahren ausgesetzt, von denen die Erwachsenenwelt bedroht ist.
Auch im Blick auf die Situation des jungen Menschen zeigt sich demnach die Notwendigkeit von Sinn- und Wertnormen, die die Bindung an die manipulierenden Kräfte der Gesellschaft aufzulösen und ermutigende und richtungsweisende Impulse zu geben vermögen.

II. Der Orientierungshorizont des Religionsunterrichts

Ist die Orientierungslosigkeit ein wesentliches Merkmal der Neuzeit und der Hauptgrund für die Hilflosigkeit gegenüber den ambivalenten Tendenzen der Gesellschaft, so sind Theologie und Religionsdidaktik aufgerufen, die Sinn- und Wertnormen der biblisch-christlichen Überlieferung und die ihnen entsprechenden Lebensformen so zu interpretieren und zu transformieren, daß ihre Relevanz für die Bewältigung dieser Probleme sichtbar wird und der Schüler durch sie eine Orientierung empfängt, die ihn zuversichtlich macht und seinem Leben eine klare Ausrichtung verleiht.
Diese Tradition aktualisieren, bedeutet für Schmidt somit nicht, ihr auf gesellschaftspolitischem Wege Einfluß auf das innere Leben des heutigen Menschen zu verschaffen; denn ob es auf diesem Wege tatsächlich zu einer Erneuerung der christlichen Substanz in der Gegenwart kommt, ist zu bezweifeln (122). Unzulänglich ist andererseits jedoch auch die Aktualisierungsstrategie, die die Frankfurter Sozialphilosophie, insbesondere J. Habermas, propagiert. Zwar wird hier mit Recht betont, daß die Rezeption der Tradition nur in einem »herrschaftsfreien Diskurs« (66) d.h., in einem Kommunikationsprozeß erfolgen kann, in dem alle Beteiligten gleichberechtigt sind und sich frei

von äußerem Druck über das, was gelten soll, verständigen können. Was aber nicht akzeptabel ist, ist die hier vertretene Auffassung, daß auf diesem Wege auch über die Inhalte der Tradition, die verbindlich bzw. nicht verbindlich sind, entschieden werden kann. Denn dabei käme ein Auswahlkriterium ins Spiel – in diesem Falle das Kriterium der emanzipatorischen Relevanz der christlichen Tradition, – das deren Gehalt verkürzen würde und wesentliche Intentionen des christlichen Glaubens, wie die Botschaft von der Rechtfertigung des Menschen durch Gott, nicht zum Zuge kommen ließe (67 f). Wo in der heutigen Religionsdidaktik die Idee der Emanzipation zum Regulativ des Religionsunterrichts erhoben wird – Schmidts Meinung nach besonders deutlich bei Vierzig (37 f) und Berg/Doedens (39 f), z. T. aber auch bei Biehl/Kaufmann (40 ff) und Lohff (70 f), – sind deshalb größte theologische Bedenken anzumelden.
Bei der Aktualisierung der biblisch-christlichen Überlieferung ist demnach darauf zu achten, daß sie in der Gesamtheit ihrer Aspekte und Gehalte zur Sprache kommt und damit die Chance erhält, die in der Erfahrungswelt des Schülers herrschenden Tendenzen zu verändern. Erst dann ist die Gewähr dafür gegeben, daß die Wirklichkeitsauslegung des christlichen Glaubens die innere Ausrichtung des RU bestimmt, bzw. die Norm darstellt, an der sich seine Theorie und Praxis orientieren. Um dies sicherzustellen, erhebt Schmidt die systematische Theologie zur Bezugswissenschaft der Religionsdidaktik (96 ff). Ihre Näherbestimmung als »Theorie des Evangeliums in der neuzeitlichen Lebenswelt« (97), weist darauf hin, daß seiner Meinung nach sich hierfür nur diejenige systematische Theologie eignet, die mit den Grundaussagen der Bibel übereinstimmt, bzw. in ihr ihren »Reflexions- und Kriterienhorizont« (160) sieht. Daß sie darüber hinaus die Bedingung der Situationsgemäßheit erfüllen, d. h. die biblischen Aspekte und Gehalte im Kontext des neuzeitlichen Wahrheits- und Wertbewußtseins reflektieren und profilieren muß, versteht sich von selbst.

A. Die Dialektik zwischen Bedingungsfeld und Glaubensüberlieferung

Eine systematische Theologie bzw. eine Religionsdidaktik, die ihre Aufgabe in der sachgemäßen Aktualisierung des Evangeliums erblickt, steht mit ihren Aussagen – wie Schmidt in Aufnahme des Dialektikbegriffs K. Barths (8 f. 170 f) und in Abgrenzung gegenüber dem Korrelationsbegriff P. Tillichs (99ff) unterstreicht – in einem dialektischen Verhältnis bzw. in Spannung zu den Tendenzen und Intentionen der Neuzeit. Das »Neue und Andere des Evangeliums« (8) bedeutet die »Negation« (170) der gängigen Vorstellungen, Einstellungen und Verhaltensweisen; eine Negation freilich, die das Vorhandene aufnimmt, ohne es einfach aufzuheben. Um die biblische Botschaft in ihrer Eigenart heute zum Tragen zu bringen und sowohl ihr Nein als auch ihr Ja zur gesellschaftlichen und individuellen Lebenswelt aktualisieren zu können, muß die Religionsdidaktik vor allem an zwei biblischen Axiomen festhalten: am Gedanken der Transzendenz und an der Vorstellung von dem durch Jesus Christus vermittelten Heil.

Daß ein dialektischer RU die transzendente Dimension ins Spiel zu bringen hat, heißt, daß er sich, was sein Wirklichkeits- und Wahrheitsverständnis betrifft, nicht dem neuzeitlichen Bewußtsein anpassen darf, sondern dieses in Frage stellen muß. Denn die Neuzeit ist »kraft ihres Anspruchs auf Rationalität« (86) davon überzeugt, daß Welt und Mensch aus sich selbst bestehen und die Natur- und Geschichtsprozesse nach immanenten Gesetzmäßigkeiten ablaufen; »zumindest methodisch« (86) ist sie somit dem Atheismus verpflichtet. Demgegenüber hat der RU die Herrschaft Gottes in Natur und Geschichte zu bezeugen und seine Führungen und Wunder, vor allem das Wunder der Auferweckung Jesu, zu verkünden. Um der Sache der Bibel willen ist der RU aber auch verpflichtet, die christologisch-soteriologische Dimension zu artikulieren und die Heilsbotschaft zur Geltung zu bringen. Von daher ist es ihm verwehrt, in Anpassung an die Plausibilitätskriterien der Gegenwart die Glaubensüberlieferung auf ihre anthropologischen und ethischen Gehalte zu reduzieren; auf Aussagen über die Bestimmung des Menschen, die seine Erlösungsbedürftigkeit ignorieren, oder auf Aussagen über das Handeln des Menschen, die den Ermöglichungsgrund dieses Handelns – den persönlichen Gottes- und Christusglauben – ausklammern und ihm damit gesetzlichen, bzw. auf gesellschaftlichem Gebiet, utopischen Charakter verleihen. Im Unterschied zu diesen in der gegenwärtigen Religionsdidaktik verbreiteten Neigungen hat ein dialektischer RU in der neutestamentlich-paulinischen Rechtfertigungslehre sein maßgebliches Sachregulativ zu erblicken und von ihr her das befreiende und erneuernde Handeln Gottes am Menschen und an der Gesellschaft zu verkünden.

Wo an diesen biblischen Axiomen – der Transzendenz Gottes und der in Jesus Christus geschehenen Rettungstat Gottes – festgehalten wird, kommt diese Dialektik zum Tragen und wird auch unterrichtlich die Spannung sichtbar, die zwischen den Tendenzen und Intentionen der Alltagswelt einerseits und der Lebensorientierung und Lebensgestaltung des Glaubens andererseits herrscht. Hier wird deutlich, daß die christliche Botschaft gesellschaftlichen Deutungen und Handlungsanleitungen nicht einfach »konvergiert«, sondern sie »kritisiert, verändert, öffnet« und ihnen »neue Hoffnung gibt und neue Ziele setzt« (106). Richtig verstanden trägt diese Dialektik somit, im Gegensatz zu ihrer Deutung durch Tillich, dynamischen, d. h. »prozessualen und praxisverändernden Charakter« (8). Das Evangelium korrigiert nicht nur das Selbstverständnis des Menschen und stabilisiert nicht lediglich die gefährdete Ich-Identität, sondern setzt auch Prozesse in Gang, die sein Denken, Werten und Handeln neu strukturieren und über die veränderte Lebenspraxis des Einzelnen auch die alltägliche Lebenswelt verändern.

Dasselbe gilt jedoch auch umgekehrt. Auch von den Bestrebungen der Gesellschaft und den sie leitenden Sinn- und Wertkriterien gehen Anstöße aus, die – neben den kritischen Impulsen, deren Ursprungsort das Evangelium selbst ist – die etablierten Formen christlichen Denkens und Lebens in Frage stellen, den zeitbedingten Vorstellungen und Handlungsmustern ihre Überzeugungskraft rauben und damit Theologie und Kirche zu einer Umgestaltung ihrer Glaubenslehre und ihrer Praxis nötigen. Die Grundgehalte der christlichen Botschaft »bedürfen deshalb einer ständig neuen Auslegung angesichts der immer neuen Lebenszusammenhänge, Denkmuster, Erwartungen und Verhaltensweisen« (107); eine Aufgabe, die sich nicht zuletzt im RU stellt und ihm jede Tabuisierung überkommener Vorstellungen und Lebensstile verbietet. Wenn diese Modifikationen auch lediglich die Außenseite des Glaubens, seine »weltanschauliche Gestalt« (107) betreffen, so sind sie doch ein Beweis für die Dynamik, die auch den Tendenzen der Gesellschaft, bzw. den Intentionen des neuzeitlichen Menschen innewohnt.

Botschaft und Erfahrungswirklichkeit stehen demnach im Verhältnis ständiger Wechselwirkung: »Die Glaubensüberlieferung wird durch unsere Wirklichkeitserkenntnis und unsere Wirklichkeitserkenntnis durch die Glaubensüberlieferung in Frage gestellt« und zugleich so erhellt, daß »die Wirklichkeit im Licht des Glaubens und der Glaube im Licht der Wirklichkeit erscheint« (104). Da diese »immer unentschiedene, konflikthaltige Begegnung« (102) zwischen Glaube und Wirklichkeit ein Grundelement der Glaubensgeschichte seit ihren Anfängen im Alten Testament darstellt, handelt es sich bei dieser Dialektik letztlich um eine universalgeschichtliche Kategorie, in der die Tatsache zum Ausdruck kommt, daß »geschichtlich-gesellschaftliche und geschichtlich-heilsgeschichtliche Prozesse« (102) in einem unaufhebbaren Widerstreit liegen, der so lange währt, bis die Weltgeschichte an ihr

Ziel gelangt ist. Auch aus diesem Grunde ist die Wahrung der genannten Dialektik ein Postulat, dem sich die Religionsdidaktik, will sie bei ihrer Sache bleiben und ihre Sache in der neuzeitlichen Lebenswelt wirksam zur Geltung bringen, nicht verschließen darf.

B. Die theologischen Regulative

Für eine Religionsdidaktik, die im neutestamentlichen Christuszeugnis die für sie verbindliche Wahrheit erblickt, ist es unerläßlich, speziell diesen Teil der biblischen Überlieferung – Paulus und die Synoptiker – auf ihre »intentionalen Schwerpunkte« (73) hin zu untersuchen und herauszufinden, was ihrer Verkündigung zufolge Gott bewirken will. Da die Interpretation dieser Intentionen, die jeweils das Ganze der christlichen Botschaft in unterschiedlicher Akzentuierung repräsentieren, in Geschichte und Gegenwart Unterschiede und Mißverständnisse aufweist, sind auch die Grenzen zu markieren, innerhalb derer eine sachgemäße Auslegung sich zu bewegen hat. Deshalb ergänzt Schmidt den Begriff der Intentionen durch den der Tendenzen; sie benennen »die äußersten Extreme, zwischen denen das Gespräch um die rechte Gestalt des christlichen Glaubens geführt wird« (76). Die Intentionen stellen demnach die inhaltlichen Regulative religionsdidaktischer Theorie und Praxis dar, während die Tendenzen deren Interpretationsspielraum begrenzen. In diesem Sinne werden vier Intentionen und Tendenzen der christlichen Botschaft und ihrer Wirkungsgeschichte genannt: Herrschaft Gottes (76ff), Rechtfertigung (78ff), Liebe/Gemeinschaftt (80ff) und Glaube/Hoffnung (83ff).

1. Herrschaft Gottes

Was das neutestamentliche Zeugnis von der Herrschaft Gottes betrifft, so bezeichnet es, orientiert man sich an Jesu Wort und Tat, »den Beginn eines Prozesses, mit dessen Vollendung und totaler Durchsetzung die Weltgeschichte zu ihrem Abschluß kommt« (76). Um die darin enthaltene Spannung zwischen dem Schon und dem Noch-nicht des Herrseins Gottes zum Ausdruck zu bringen, ist zwischen gegenwärtiger Herrschaft und zukünftigem Reich zu unterscheiden. Während sich die Herrschaft Gottes in einem »kontingenten Prozeß der Weltverwandlung und Welterneuerung«, dessen treibende Kraft »das verkündigende Wort und das verkündigende Handeln der christlichen Gemeinde« ist, jetzt schon manifestiert und realisiert (76) – wenn auch in einer durch Tod, Sünde und Leiden verdeckten Gestalt, – ist das Reich Gottes, verstanden als endgültige Verwirklichung der Herrschaft Gottes, »Gegenstand des Glaubens und der Hoffnung, als Verheißung gegenwärtig, ohne bewiesen werden zu können« (76 f). Diese für das Neue Testament charakteristische Spannung ist später des öfteren aufgehoben worden: sei es, daß das Reich Gottes in ein fernes Jenseits verlagert und Gottes gegenwärtige Herrschaft in der Welt mit der herrschenden Ordnung gleichgesetzt und diese damit stabilisiert und sanktioniert wurde; sei es, daß man die Reich-Gottes-Idee säkularisierte und die Realisierung des Gottesreiches z. T. mit revolutionären Mitteln bereits in dieser Welt anstrengte. Gegenüber diesen Tendenzen ist daran festzuhalten, daß die Gottesherrschaft einen Prozeß darstellt, dessen Umrisse in Predigt und Praxis der christlichen Gemeinde in vielfachen Brechungen sichtbar werden, dessen Ende jedoch von Gott selbst herbeigeführt wird.

2. *Rechtfertigung*

Dieselbe Spannung zwischen dem Schon und dem Noch-nicht ist auch für das neutestamentliche Zeugnis von der Rechtfertigung des Sünders kennzeichnend. Ihm zufolge erkennt sich der Mensch erst dann als Sünder, wenn er, wie bei Jesus, der unverdienten Liebe Gottes begegnet; wo diese Erfahrung des Angenommenwerdens durch Gott fehlt, ist das Reden von der Sünde dagegen sinnlos. Dies hängt damit zusammen, daß sie streng genommen kein moralisches Fehlverhalten darstellt, sondern »einzig und allein in der Selbstbezogenheit des Menschen besteht, die ihm die Beziehung zu seinem Ursprung, seinem Schöpfer, verbaut« (78) und ihn dazu bringt, in sich selbst bzw. in der geschaffenen Welt die Lebenserfüllung zu suchen. Trotz ihres stark transmoralischen Charakters, der sie als Schicksal erscheinen läßt, enthält sie freilich immer auch das Moment der persönlichen Schuld. Da Sünde zugleich Schuld und Schicksal ist, zeigt auch die Rechtfertigungsbotschaft den Doppelaspekt von »freisprechender Vergebung« und »gerechtmachender Veränderung (79). Wie insbesondere Paulus deutlich macht, stehen beide Aspekte in einem unauflöslichen Spannungsverhältnis, in dem dem Schon der Vergebung das Noch-nicht des tatsächlichen Gerechtseins gegenübersteht. Das Gerechtwerden des Glaubenden, seine Heiligung, ist demnach, ebenso wie die Durchsetzung der Herrschaft Gottes in der Welt, als ein Prozeß zu verstehen, in dem das neue Leben lediglich zeichenhaft, keineswegs eindeutig, sichtbar wird, der aber nichtsdestoweniger von dem Vertrauen auf die Zusage, von Gott angenommen zu sein, getragen und in Bewegung gehalten wird. Auch diese, für das rechte Verständnis von Rechtfertigung entscheidende Spannung ist seitdem immer wieder aufgehoben und einerseits durch gesetzliche, anderseits durch libertinistische Tendenzen verfälscht worden. Heute tritt die Gefahr der Gesetzlichkeit »vorwiegend in stark kirchlich gebundenen Kreisen« (79) in Erscheinung, die in einem christlichen Lebensstil, bzw. in der Zustimmung zur biblischen Lehre, die Bedingung für die Zugehörigkeit zur Heilsgemeinschaft erblicken; während die Gefahr sittlicher Bindungslosigkeit lediglich im außerchristlichen Bereich zu konstatieren ist und insofern nur bedingt zur Wirkungsgeschichte der christlichen Botschaft gehört. Diesen Tendenzen gegenüber ist an der für Paulus charakteristischen Spannung zwischen dem Schon und dem Noch-nicht des Gerechtseins festzuhalten und Rechtfertigung, über das bisher Gesagte hinaus, auch in ihrer universalen Relevanz zu bedenken: als die Macht, die auch die Welt verändert.

3. Liebe / Gemeinschaft

Die dritte Intention der neutestamentlichen Botschaft – die Intention Liebe/Gemeinschaft – wird in Auseinanderstzung mit Luthers diesbezüglichen Aussagen entfaltet. Zweifellos wußte Luther, daß der Gerechtfertigte bzw. Wiedergeborene verpflichtet ist, Werke der Liebe zu vollbringen, »die dem anderen entgegengehen, ihm Gemeinschaft schenken und ihm zum Leben helfen« (80). Allerdings glaubte er – überzeugt vom spontanen Charakter dieser Liebe – »die Frage auf sich beruhen lassen zu können, welche Werke, welche Lebensformen und Handlungsweisen der Existenz des Wiedergeborenen adäquat sind« (80). Auch wenn sich hierfür in der Tat keine festen, d. h. überzeitlich gültigen Gesetze aufstellen lassen, so bedarf der Gerechtfertigte, Schmidts Auffassung nach, doch der »Orientierung an Regeln und Lebensformen als Hilfe und Stabilisierung seiner persönlichen und gemeinschaftsbezogenen Lebensvollzüge« (80). Auch an dieser Stelle herrscht somit eine Spannung, die nicht aufgehoben werden darf. So gewiß der Christ als ein der Herrschaft Gottes Angehörender und nur der Liebe Verpflichteter frei geworden ist von der Bindung an traditionelle Regeln und Gesetze, so gewiß ist er zugleich als einer, der noch in der Welt lebt, auf Regeln und Formen des Zusammenlebens angewiesen, die sein Verhalten und Handeln stützen und seinem Glauben gemäß sind. Zumindest grundsätzlich ist diese Spannung zwischen dem »Schon frei« und dem »Noch in der Welt« – wie seine Zwei-Reiche-Lehre beweist – auch bei Luther gewahrt. Problematisch ist jedoch, daß er – hierin »Kind des mittelalterlich-christlichen Naturrechtsgedankens« (82) – die bestehenden Ordnungen als ewige Schöpfungsordnungen ansieht und sie infolgedessen als Lebensformen wertet, die für den Gerechtfertigten bzw. Wiedergeborenen uneingeschränkte Verbindlichkeit besitzen; statt sie, wie zu fordern wäre, der Kritik des Liebesgebots zu unterziehen und ihre Veränderung in Richtung auf ein soziales Ordnungssystem anzustreben, das dem entspricht, was der Christ für wertvoll und gut hält. Eindeutig aufgehoben wurde diese Spannung dagegen von jenen Vertretern des Luthertums, die die Gültigkeit der Liebesforderung Jesu auf die Gesinnung des Christen beschränkten und ihm für sein öffentliches Handeln den Gehorsam gegenüber den etablierten Ordnungen empfahlen. Neben dieser konservativen Tendenz steht die utopische Tendenz, d. h. der Versuch, im Namen einer utopisch verstandenen christlichen Freiheit die traditionellen Regelsysteme rücksichtslos aufzuheben. Zwar finden sich diese Bestrebungen gegenwärtig »kaum in ernsthafter Theologie« (82); als gesellschaftliche Tendenz sind sie aber insofern vorhanden, als man hier immer wieder den Versuch gemacht hat und bis heute macht, einen irdischen Heilszustand herzustellen. Zwischen diesen beiden Extremen muß sich somit das Leben des Wiedergeborenen entfalten: »Er unterwirft die bestehenden Regeln und Strukturen des gemeinschaftlichen Zusammenlebens dem Kriterium der Liebe und verändert sie in der Absicht, Zeichen der Herrschaft Gottes in der Welt schon jetzt zu setzen, wobei er Konflikt und Leiden nicht scheut« (83).

4. Glaube / Hoffnung

Was schließlich den Glauben betrifft, die vierte Intention der neutestamentlichen Botschaft, so ist auch er eschatologisch zu verstehen: als Hoffnung, die sich der Treue Gottes erinnert und deshalb darauf vertraut, daß Gott seine Herrschaft, Gerechtigkeit und Liebe in der Welt vollenden wird. So gesehen – seiner »Innenseite« (83) nach – ist Glaube demnach Vertrauen auf Gott, den Schöpfer, Erhalter und Vollender; »fest begründete Gewißheit in einem Du« (83). Dieses Vertrauen, das »nicht auf rationalen Erkenntniskriterien, sondern auf der Erfahrung einer Beziehung zum allmächtigen Gott, der Glauben ermöglicht und schenkt, gründet« (83), qualifiziert den gesamten Lebensvollzug – die Außenseite des Glaubens, »als Erwartung des Reiches Gottes, der Rechtfertigung und der Liebe« (83). Denken, Reden und Verhalten »wollen Zeichen der angefangenen Gottesherrschaft, der Gerechtigkeit und der Liebe sein« (84). Da dieser Prozeß jedoch noch unabgeschlossen und das Neue und Andere, das mit Jesus Christus in die Welt gekommen ist, noch verborgen und durch Tod, Sünde und Leiden verdeckt ist, ist der Glaube »dem Widerstand, der Bestreitung, der Vernichtung und der Verfälschung vielfach ausgesetzt« (84) und damit in der Gefahr, die ihm eigene Spannung zwischen dem Schon und dem Noch-nicht aufzulösen, d. h. seine Hoffnung fallenzulassen und entweder der Tendenz der Selbstbehauptung oder der frommen Selbstsicherheit zu erliegen. Während die erste Tendenz – das Autonomiestreben – sich im neuzeitlichen Atheismus äußert und dazu geführt hat, daß sich der Glaube an die Herrschaft Gottes in revolutionäre Praxis verwandelt, erscheint die zweite Tendenz im frommen Gewand. »Wahrer Glaube findet sich hier nur bei den Auserwählten, die eine Bekehrung hinter sich haben, von der sie wortreich erzählen können« (85). Glaube im Sinne des Neuen Testaments weiß sich im Gegensatz zu beiden Extremen in einen Prozeß einbezogen, dessen Beginn die Geschichte Jesu Christi bildet und dessen Ziel das Reich Gottes, das Reich der Gerechtigkeit und der Liebe, ist. Diese Gewißheit läßt ihn wider den Augenschein hoffen und so handeln, daß dadurch diese Hoffnung bezeugt und ausgebreitet wird.

C. Die Frage der Vermittelbarkeit des Evangeliums

Ein RU, der diese Grundaussagen des Neuen Testaments als maßgebliche Kriterien übernimmt und bei seiner Interpretation der Erfahrungswelt des Schülers zum Tragen bringt, steht in der Tat in einem dialektischen Verhältnis zu seinem Bedingungsfeld. Der eigentliche Differenzpunkt ist offensichtlich der typisch neuzeitliche Anspruch auf autonome Lebensbewältigung mittels Rationalität, der der Verkündigung des Evangeliums von der mit Jesus Christus angebrochenen, Mensch und Welt zurechtbringenden Herrschaft Gottes diametral entgegengesetzt ist. Daß auch Berührungspunkte vorhanden sind – insbesondere im Blick auf die Bestrebungen, die der Gestaltung der zwischenmenschlichen und gesellschaftlichen Beziehungen gelten, – ist ebenfalls deutlich geworden. »Dennoch wäre es illegitim, beide Intentionsbündel ineinander aufgehen zu lassen oder auch nur in ein hierarchisches Verhältnis bringen zu wollen. Weder ist die ganze Neuzeit ein Kind des Christentums, noch kann christliche Theologie alle Prinzipien neuzeitlichen Denkens bruchlos übernehmen« (86). Insofern ist und bleibt die Dialektik das Kriterium, das über die Sachgemäßheit des RU entscheidet; sie bei der unterrichtlichen Aufarbeitung von Lebensfragen wirksam werden zu lassen, ist deshalb das maßgebliche didaktische Postulat. Zweifellos hat der RU auch zu beachten, welche christlichen Inhalte, Einstellungen und Verhaltensweisen von Schülern »verstanden, geglaubt und gelebt werden können« (7); d. h. was für sie »im Rahmen ihrer Erkenntnisse und Erlebnisweisen ohne Schwierigkeiten

akzeptabel und zustimmungsfähig« (170) ist. Diese Forderung der Schülergemäßheit unterrichtlicher Gehalte hat für Schmidt jedoch dort ihre Grenze, wo sie zu einer Anpassung der theologischen Sache an die Plausibilitätsstrukturen des Heranwachsenden führen könnte. Deshalb wird im selben Atemzug unterstrichen, daß christliche Theologie nie in der Weise elementar werden könne, »daß sie sich bruchlos in menschliche Vorstellungen und Erwartungen einfügt« (170).
Wenn demnach das Neue und Andere des Evangeliums das dominante Regulativ des RU darstellt, wird die Frage der Vermittelbarkeit dieser Dimension zum zentralen Problem; zumal da frühere, von demselben Interesse geleitete religionsdidaktische Konzeptionen – insbesondere die »Evangelische Unterweisung« – diese Frage nicht befriedigend zu lösen vermochten (15ff. 19ff). Schmidts Einschätzung nach lag ihr Fehler darin, daß sie das Evangelium entweder überhaupt nicht – so die »Evangelische Unterweisung« mit Ausnahme Bohnes (15) – oder nur unzulänglich, nämlich lediglich im Kontext menschlichen Selbstverständnisses – so der »Hermeneutische Religionsunterricht« (24) – mit der Lebenswelt des Schülers verknüpften. Ihr Scheitern an dieser Stelle beweist somit nicht die prinzipielle Unmöglichkeit einer Vermittlung, sondern nur die Unzulänglichkeit des von ihnen angewandten Verfahrens. Schmidts eigener Weg zur Lösung dieses Problems ist die »Methode der mehrdimensionalen Dialektik« (106ff), die davon ausgeht, daß ein Verstehen des christlichen Glaubens nur im jeweiligen Lebenszusammenhang, in dem der Heranwachsende steht, möglich ist, und die ihre Aufgabe deshalb darin sieht, »die inhaltlich bestimmten Intentionen der christlichen Botschaft den inhaltlich bestimmten Intentionen der geschichtlich-gesellschaftlichen Lebenswelt begegnen zu lassen«, damit der Glaube sie »deuten, verändern, beurteilen und in Frage stellen« kann (106). Durch konkrete Konfrontation des jungen Menschen mit dem Evangelium soll demnach die Vermittlungsfrage gelöst werden.

D. Zusammenfassung

Im RU geht es um die Auslegung und Aufarbeitung der Wirklichkeit im Lichte des Evangeliums. Zu diesem Zweck sind die Grundaussagen des Neuen Testaments systematisch-theologisch zu reflektieren und in einer ihrem Selbstverständnis entsprechenden Weise zu aktualisieren. Als sachgemäß ist diese Aktualisierung dann zu bezeichnen, wenn sie die für das Neue Testament charakteristische Spannung zwischen den Sinn- und Wertnormen des Evangeliums und der Sinn- und Wertorientierung der Gesellschaft und des Menschen wahrt und gegenüber den Versuchen, die christliche Botschaft an die Sinn- und Wertmaßstäbe der Neuzeit anzupassen, an deren transzendenten und christologisch-soteriologischen Komponenten festhält. Wichtig ist die Wahrung dieser Dialektik deshalb, weil von ihr es abhängt, ob das Evangelium seine verändernde Kraft entfalten und Prozesse in Gang bringen kann, die auch auf gesellschaftlicher Ebene zu Umgestaltungen führen. Über die Sachgemäßheit der Aktualisierung entscheidet aber auch ein inhaltlicher Gesichtspunkt. Sie muß alle für das Neue Testament selbst wesentlichen Aussagen unterrichtlich zur Sprache bringen und deutlich machen, was nach dem Zeugnis Jesu und des Apostels Paulus Gott bewirken will: die Zurechtbringung der Welt (Herrschaft Gottes), des Menschen (Rechtfertigung) und der sozialen Lebensordnungen (Liebe/Gemeinschaft). Da das, was Gott bewirken will, in der Gegenwart jedoch noch weitgehend verborgen und seine Herrschaft noch durch Tod, Sünde und Leiden verdeckt ist, hat der RU auch den Glauben des Neuen Testaments zu aktualisieren und den Schüler zu einem Vertrauen zu führen, das wider den Augenschein hofft. Dieses Vertrauen vermag ihn sowohl vor kurzschlüssigen Aufhebungen dieser Spannung – vor Resignation und trotzigem Aufbegehren – zu schützen, als auch zu einer Lebenspraxis zu ermutigen, die Gottes Gerechtigkeit und Liebe zeichenhaft verwirklicht. Ein RU, der bei seiner Auslegung und Aufarbeitung der Erfahrungswelt des Schülers die christliche Botschaft in dieser Weise und in diesem Umfang zur Geltung kommen lassen will, muß vor allem das Problem der Vermittlung lösen und Wege zeigen, wie das Andere und Neue des Evangeliums Schülern zugänglich gemacht werden kann.

III. Theorie und Praxis des dialektischen Religionsunterrichts

Bei der Analyse des Bedingungsfelds und der Ausarbeitung des theologischen Normenhorizonts sind drei Entscheidungen gefallen, die für die Aufstellung einer religionsdidaktischen Theorie von grundlegender Bedeutung sind:

- Einmal, daß Orientierungslosigkeit bzw. Verunsicherung in den grundlegenden Fragen individueller und gesellschaftlicher Lebensorientierung und Lebensgestaltung das Hauptmerkmal der Neuzeit ist; verstanden als Folge der Relativierung verbindlicher Traditionen und damit als Folge der Tendenz zur Emanzipation.

- Zum anderen, daß der Schüler im Prozeß der Sozialisation zwar familial-gruppenspezifische Sinn- und Wertnormen internalisiert, diese jedoch früher oder später den gesamtgesellschaftlich relevanten, in sich widersprüchlichen Normdaten weichen und deshalb auch er orientierungslos und verunsichert ist.
- Und schließlich, daß die biblisch-christliche Botschaft Deutungs- und Ordnungsnormen für die Lebensbewältigung enthält, die ungebrochene Gültigkeit besitzen, da allein sie tragenden Lebenssinn und sichere Verhaltensorientierung zu vermitteln vermögen.

Welche Konsequenzen für Theorie und Praxis des RU sich aus diesen Axiomen ergeben, ist im Folgenden zunächst in grundsätzlicher Hinsicht darzustellen, sodann praxisbezogen zu konkretisieren.

A. Das Selbstverständnis des Religionsunterrichts

Tritt der RU mit dem Anspruch auf, dem Heranwachsenden die zutreffende Sinndeutung und Werthaltung anbieten zu können, so bestimmt dieser Wahrheitsanspruch selbstverständlich auch seine Ziele, Inhalte und Vermittlungsstrategien.

1. Die Ziele

Eine Schule, die ihre erzieherische Verantwortung gegenüber der nachwachsenden Generation ernst nimmt, kann sich nicht mit der Vermittlung von Kenntnissen und Fertigkeiten begnügen, sondern muß auch die Entscheidungsfähigkeit des Schülers im normativen Bereich als die ihr gestellte Aufgabe akzeptieren. Ist dies der Fall, so bildet der RU in ihr keinen Fremdkörper, sondern ein Fach, das hierzu Wesentliches beizutragen vermag. Denn sein Ziel ist es, dem Schüler ein tragfähiges Sinn- und Wertfundament zu vermitteln und damit eine Stabilisierungs- und Orientierungshilfe zu geben, die ihn zu einem »durchsetzungsfähigen Verhalten in Wort und Tat« (136) befähigt, d. h. ihn gegenüber den manipulierenden Zwängen der Gesellschaft immunisiert und instandsetzt, seine Überzeugungen zu vertreten und zur Geltung zu bringen. Diesen Beitrag zur Erfüllung der schulischen Erziehungsaufgabe – der Befähigung des Heranwachsenden zu normativer Kompetenz – leistet der RU mittels eines Sinn- und Wertsystems, von dessen Wahrheit und Tragfähigkeit er überzeugt ist: der biblisch-christlichen Überlieferung, bzw. der Sinn- und Wertgehalte des christlichen Glaubens. In ihm soll der Schüler demnach zu einer spezifischen Form der

Lebensbewältigung erzogen werden; der, die dieser Tradition bzw. diesem Glauben gemäß ist.

Deshalb verfolgt der RU das Ziel, dem Heranwachsenden »den Weg zum christlichen Glauben zu öffnen« (128). Da dieser Glaube, Schmidts Unterscheidung zufolge, eine Außen- und eine Innenseite hat und sowohl eine »inhaltlich-kognitive Gestalt« (141) besitzt, als auch eine innere Vertrauensbeziehung darstellt, differenziert sich diese Zielsetzung in entsprechender Weise. In inhaltlich-kognitiver Hinsicht geht es im RU darum, den Heranwachsenden »für eine christliche Überzeugung zu gewinnen« (128) und ihm die christliche Lebensdeutung und Handlungsorientierung so plausibel zu machen, daß er ihr zuzustimmen bzw. sie anzuerkennen oder doch wenigstens als ernsthafte Möglichkeit der Sinnvergewisserung und Lebensgestaltung gelten zu lassen vermag (22. 127. 128). Aber nicht nur Denken und Werten des Schülers, sondern auch seine Grundhaltung bzw. sein Selbstverständnis sollen durch den RU im Sinne des christlichen Glaubens verändert werden; auch das persönliche Vertrauen auf den lebendigen Gott bildet ein Element im Zielspektrum dieser Theorie, das zwar nicht als vorrangig eingestuft wird, wohl aber als unaufgebbar gilt. Demgegenüber werden die Chancen, im RU pragmatische Ziele zu realisieren, d. h. »alternative Verhaltensweisen« (136) zu erproben und einzuüben, so wünschenswert dies auch wäre, zurückhaltend beurteilt; der geeignete Ort hierfür sind christliche Gruppen und Gemeinden.

Obwohl der Zielaspekt der christlichen Lebensführung, aber auch der der Vertrauenshaltung – verglichen mit der kognitiven Dimension – deutlich zurücktritt, besitzen doch gerade diese nicht-kognitiven Intentionen eine erhebliche didaktische Relevanz. Denn sie sollen sicherstellen, daß der RU eine alle Bereiche der Schülerexistenz umfassende Veränderung anstrebt – eine Erneuerung auch der Einstellung und des Verhaltens – und damit seine Aufgabe tatsächlich darin sieht, den Heranwachsenden auf den Weg zu bringen, der zum persönlichen Glauben führen kann. Diesem Interesse, Hilfe zum Glauben zu geben, dient, richtig verstanden, auch die kognitive Zielkomponente. Daß sie gegenüber den anderen dominiert, rührt davon her, daß Schmidt in der neuzeitlichen Rationalität, die den christlichen Glaubensgehalten mangelnde Plausibilität unterstellt, einen Hauptgrund dafür sieht, daß jungen Menschen der Zugang zur Welt des Glaubens Schwierigkeiten bereitet. Dieses Hindernis zu beseitigen und so »den Weg zum Glauben freizulegen« (141), ist darum eine wichtige Teilaufgabe christlicher Glaubenserziehung. Es liegt auf der Hand, daß ein RU, der sich diese Ziele setzt, positionellen Charakter trägt. Ein neutral informierender Unterricht genügt vor allem deshalb nicht, weil er seiner erzieherischen Verantwortung,

Schülern eine tragfähige Sinnorientierung zu vermitteln, nicht gerecht wird. Da eine solche nämlich primär über Identifikationsprozesse erworben wird, ist der Religionslehrer verpflichtet, sich zu seiner Überzeugung und Lebensweise zu bekennen und diese unterrichtlich ins Spiel zu bringen. Vor »konfessionalistischer Verengung und dogmatischer Indoktrination« (142) ist dieser RU, Schmidts Meinung nach, dadurch geschützt, daß sein Gegenstandsfeld nicht die Tradition – Bibel, Dogma und Lehre der Kirche, – sondern die Erfahrungswirklichkeit des Schülers ist.

2. *Die Inhalte*

Während die Zielfrage des RU im Rückgriff auf religionsdidaktische Konzeptionen der Nachkriegszeit, insbesondere die »Evangelische Unterweisung«, beantwortet wird[21], spiegeln sich auf der Inhaltsebene deutlich die Impulse wider, die vom problemorientierten RU der beginnenden siebziger Jahre ausgingen. Mit diesem stimmt Schmidt darin überein, daß die Bibel keine stoffliche Mittelpunktstellung beanspruchen kann. Die Gründe, die für dieses Nein zum traditionellen Bibelunterricht angeführt werden, entsprechen z. T. denen, die zum Standardrepertoire des problemorientierten RU gehören; so etwa, wenn auf die fehlende Motivation der Schüler (155. 160), die Fremdheit der biblischen Sprachformen, Denkweisen und Lebensgewohnheiten (156. 157) oder die mangelnde Lebensnähe der Bibel aufmerksam gemacht wird, die eine »Teilnahme an den Erfahrungen der biblischen Zeugen« unmöglich machen (157). Daneben zeigen sich aber auch Argumente, die der eigenen Theorie entspringen; insbesondere das Argument, daß der Bibelunterricht die Dialektik bzw. das Spannungsverhältnis zwischen Evangelium und Alltagswelt nicht immer zu verdeutlichen vermöge und der Schüler bei der ausschließlichen Beschäftigung mit biblischen Stoffen keinen »in der heutigen Zeit lebensfähigen Glauben« (151) empfange. Trotzdem ist selbstverständlich nicht daran gedacht, die Bibel überhaupt aus dem Unterricht zu verbannen. Sie soll zwar nicht um ihrer selbst willen vermittelt werden, wohl aber insoweit, als sie »zum Verstehen der Welt und der eigenen Probleme verhilft« (156); wobei allerdings, wie schon erwähnt, ihre transzendenten und soteriologischen Elemente – ihre Aussagen über das Heilshandeln Gottes – nicht beiseite gelassen werden dürfen. Das Kriterium, nach dem die biblischen Stoffe ausgewählt werden, ist offensichtlich einerseits ihre

[21] Nicht zu unterschätzen ist darüber hinaus der Einfluß R. Preuls (R. Preul: Kategoriale Bildung im Religionsunterricht, 1973).

Themaadäquatheit – der Schüler muß den Eindruck gewinnen, daß hier »seine eigene Sache betrieben wird« (155), andererseits ihr Gehalt an Evangelium – der Schüler muß auch merken, daß in ihnen etwas Neues und Anderes zur Sprache kommt. Werden sie nach diesem Maßstab gefiltert, so haben sie im RU ihren legitimen, ja notwendigen Platz. Sie sorgen dafür, daß die Intentionen der Christusbotschaft unterrichtlich zum Zuge kommen und die Behandlung der Lebensfragen ein theologisches Profil erhält.

Den eigentlichen Inhalt des RU bilden freilich die der Alltagswelt entnommenen Themen. Das ihre Auswahl leitende Interesse ist auch in diesem Fall zunächst ein theologisches. Da der RU seinem Charakter als Glaubensunterricht entsprechend dem Heranwachsenden vor Augen stellen will, »welcher Sinn und welche Praxis, welche Taten und welche Hoffnungen aus dem christlichen Glauben für das individuelle und gesellschaftliche Leben erwachsen können« (69), müssen die Elemente der Erfahrungswelt, die unterrichtlich aufgearbeitet werden sollen, so beschaffen sein, daß an ihnen die Relevanz der Heilsbotschaft aufgezeigt werden kann, bzw. sie dem Evangelium als »didaktisches Medium« (14) dienen können. Darüber hinaus müssen sie jedoch auch schülergemäß sein, d. h. so ausgewählt werden, daß sie »das Verhalten der Schüler wiedergeben und ihrem Erleben zum Ausdruck verhelfen« (14). Ausschlaggebend ist dabei nicht, ob die Heranwachsenden selber diese Themen als für sich bedeutsam oder gar als aktuell empfinden, sondern ob sich in ihnen Erfahrungen widerspiegeln, die einen prägenden Einfluß auf den Schüler ausüben, d. h. seine Lebensausrichtung in Denken, Werten und Handeln bestimmen. Um diese für den Aufbau der individuellen Lebenswelt und die Gestaltung der individuellen Lebenspraxis konstitutiven Erfahrungen ermitteln und damit unterrichtlich relevante Themen identifizieren zu können, werden jene Analysen durchgeführt, die bereits dargestellt wurden und einerseits den Tendenzen und Intentionen der Gesellschaft, andererseits der Situation des Heranwachsenden galten. Damit meint Schmidt ein Kriterienraster gefunden zu haben, das eine fundierte Auswahlentscheidung ermöglicht. Im Mittelpunkt des RU stehen infolgedessen jene in Schmidts »Unterricht über Glauben und Leben« in Themenform gefaßten Erfahrungen des Alltags, die der Schüler in der Begegnung mit Natur und Geschichte, mit der gesellschaftlich-politisch-kulturellen Lebenswelt, aber auch mit sich selbst und den religiös-weltanschaulichen Sinn- und Wertsystemen macht.

Bemerkenswert ist in diesem Zusammenhang, daß er nicht bereit ist, die sog. Grenzsituationen – Situationen, in denen Menschen ihre Grenzen erfahren und sich deshalb zutiefst verunsichert fühlen – als besonders wichtige Stoffelemente zu betrachten und nach dem Vorbild des »Hermeneutischen Religionsunterrichts«, z. T. auch des sonstigen problemorientierten RU vorrangig an ihnen die Bedeutung des Evangeliums zu exemplifizieren; sondern im Gegenteil dazu neigt, sie aus dem Themenkanon des RU auszuscheiden (9. 12. 22). Neben der Befürchtung, durch die Thematisierung »bedrängender Erfahrungen« (13) könnte die Entscheidungsfreiheit des Schülers eingeschränkt werden, ist hierfür der Gesichtspunkt wichtig, der soeben schon anklang. Für Schmidt stellen diese Grenzerfahrungen nämlich keine lebensbestimmenden bzw. verhaltensrelevanten Potenzen dar, sondern bleiben in ihrer Wirkung ganz auf die Innerlichkeit beschränkt. Sie erzeugen bestenfalls abstrakte Empfindungen und vage Sehnsüchte, beeinflussen jedoch nicht die konkrete Lebenspraxis des jungen Menschen. Wer sie zum Bezugspunkt der christlichen Botschaft macht, verliert somit die Möglichkeit, den Heranwachsenden tatsächlich zu verändern, und läuft zudem Gefahr, das Evangelium als eine Religion der Innerlichkeit mißzuverstehen, bzw. seine auf Erneuerung drängende Dynamik zu ignorieren.

Verglichen mit den biblischen und erfahrungsbezogenen Inhalten des RU nimmt eine dritte Stoffgruppe eine ausgesprochene Randstellung ein: die außerchristlichen Religionen und Weltanschauungen. Dies zeigt sich u. a. daran, daß in diesem Fall keine Auswahlkriterien aufgestellt werden. Sie unterrichtlich zu berücksichtigen, ist aus dem Grunde geboten, weil der Heranwachsende – soll er zu einer selbständigen und reflektierten Glaubenshaltung finden – sie kennenlernen und sich mit ihnen auseinandersetzen muß. Der Beurteilungsmaßstab, den der RU ihm hierfür an die Hand zu geben hat, ist wiederum das neutestamentliche Christuszeugnis; an ihm sind insbesondere deren Heilvorstellungen kritisch zu überprüfen (145/146).

3. Wege der Vermittlung

Soll der RU, wie es sein Ziel ist, den Weg zum christlichen Glauben öffnen, so muß er die Distanz aufheben, zumindest aber verringern, die heutzutage zwischen der Mehrzahl der Schüler und dem christlichen Glauben besteht. Da sich diese Distanz in allen Bereichen ihrer Existenz zeigt, besteht die Vermittlungsaufgabe darin, Veränderungen anzustreben, die Denken, Werten und Handeln des Heranwachsenden betreffen.

Zur Lösung dieses Problems trägt Jesus – das »Urbild des Religionslehrers« (13) – insofern Wesentliches bei, als sich an seinen Gleichnisreden ablesen läßt, wie dieser Brückenschlag zu vollziehen ist. In ihnen werden die Zuhörer in einen »Prozeß des Denkens und Argumentierens« (13) einbezogen, der ihre Sicht und Bewertung der Wirklichkeit, in der sie leben, vom Evangelium her erneuern und sie – ohne ihre Entscheidungsfreiheit auch nur im geringsten anzutasten – zu einer Zustimmung und Anerkennung dieser Botschaft bewegen will. Einem RU, der sich an diesem Paradigma orientiert, ist es somit verwehrt, sein Ziel dadurch erreichen zu wollen, daß er einen, wie immer gearteten, psychischen Zwang auf den Heranwachsenden ausübt; sei es dadurch, daß er ihn mit bedrängenden und emotionsgeladenen Erfahrungen konfrontiert, die die Annahme des Evangeliums als den einzig möglichen Ausweg erscheinen lassen, oder auch dadurch, daß er Methoden der Gruppendynamik einsetzt und mit ihrer Hilfe den Schüler auf affektiver Ebene zu beeinflussen, möglicherweise sogar zu manipulieren sucht (204 Anm. 285).

Die von Jesus jedem Menschen eingeräumte Freiheit, sich für oder gegen seine Botschaft zu entscheiden, wird im RU nur dann gewahrt, wenn er, jedenfalls in erster Linie, sich rational-argumentativer Verfahren bedient und kognitive Lernprozesse als das primäre Medium der Glaubensvermittlung betrachtet. In erster Linie gilt dies für die transzendente Dimension der christlichen Botschaft, ihr Reden von der universalen Herrschaft Gottes. Durch langsames, schrittweises und wiederholendes Lernen, das sich in geduldiger Kleinarbeit und im Austausch von Argumenten um Einsichtigmachen dieser Aussage bemüht, können Stück für Stück die Barrieren abgebaut werden, die den Heranwachsenden daran hindern, dieser Sicht der Wirklichkeit sein Einverständnis zu geben (127 f. 131). Zweifellos vermag dieser Reflexions- und Argumentationsprozeß keinen Wahrheitsbeweis zu erbringen; indem er aber Hindernisse abbaut, verleiht er diesem zentralen Glaubenssatz zumindest ein gewisses Maß an Plausibilität, so daß er dem Schüler nun nicht mehr als unvernünftig, sondern als »denkmöglich« (130) erscheint. Nach demselben Verfahren läßt sich aber auch die soteriologische Komponente des Evangeliums – die Rede vom rettenden und befreienden Handeln Gottes – vermitteln. Durch immer erneutes Infragestellen der herrschenden Wertnormen und Lebensformen, deren Defizite an christlichen Modellen gelungenen Lebens aufgewiesen und diskutiert werden, können auch auf affektiv-pragmatischem Gebiet Fixierungen gelockert, ja beseitigt werden, die der Annahme der Rechtfertigungsbotschaft im Wege stehen (138 ff). Die Tragweite kognitiver Lernprozesse wird gerade an dieser Stelle ausgesprochen hoch veranschlagt. Schmidt erwartet von ihnen nicht nur eine Sensibilisierung des Schülers für die ungelösten Identitäts- und Beziehungsprobleme, bzw. sein Aufgeschlossenwerden für das wahre und gute Leben, das das Evangelium verheißt; er hält es darüber hinaus vielmehr für durchaus

möglich, daß sie den Heranwachsenden von seinen Bindungen befreien und er durch sie zu einem persönlichen Glauben – zur Gewißheit, von Gott angenommen und in seinen Dienst gerufen zu sein – findet: »Gott befreit zwar selbst, aber er hat die Befreiung an menschliches Wort gebunden, das in seinem Namen gesprochen wird. Er hat sein Heilshandeln keineswegs nur an die gottesdienstliche Predigt gebunden, sondern an jede vernünftige und vor dem Evangelium verantwortete Rede von seinem Heilshandeln. Es ist nirgends gesagt, daß die Botschaft von der Rechtfertigung plötzlich und unerwartet den Menschen treffen und verwandeln muß. Sie kann sich langsam, über vernünftige Rede und Gegenrede zwischen Menschen oder im Denkprozeß eines Menschen durchsetzen. Nur eines ist gewiß: es muß von der Rechtfertigung gesprochen werden, und man muß diese Rede vernehmen können« (140 f). Insofern vermögen kontinuierliche rationale Lernprozesse, Schmidts Überzeugung nach, in der Tat den Weg zum Glauben freizulegen, wenn auch selbstverständlich nicht den Glauben zu erzwingen. Selbst wenn dieses Letzte methodisch unverfügbar bleibt, haben sie doch die Kraft, die Plausibilität und Relevanz des christlichen Glaubens dem Schüler so einsichtig zu machen, daß dieser die Botschaft des Evangeliums, ohne in Widerspruch zu seinem Denken und Werten zu geraten, akzeptieren kann.
Neben dem kognitiven Lernen stellt das Identifikationslernen die zweite Form der Vermittlung christlicher Sinn- und Wertnormen dar. Seine Bedeutung für den RU kann nicht hoch genug veranschlagt werden, da es die innere Distanz zwischen der Welt des Schülers und der des Glaubens, die mittels rational-argumentativer Methoden nie ganz überwunden werden kann, aufzuheben und zur völligen Bejahung der Glaubensnormen zu führen vermag. Um dieses Lernen, dem freilich kognitive Prozesse nachzufolgen haben, zu ermöglichen, muß sich der Religionslehrer in Wort und Tat zu seiner Überzeugung bekennen und sie als verbindliche Wahrheit vertreten. Würde er darauf verzichten, so würde er damit in den Augen des Schülers »nur die Relativität und Bedeutungslosigkeit seiner Überzeugung demonstrieren« (142), bzw. was noch schwerer wiegt, die Wirkung des Evangeliums als einer umfassenden Lebenshilfe einschränken. Nur dann, wenn er in dieser Weise die Sache des RU personal repräsentiert, wird er seiner Aufgabe, »Geburtshelfer« (170) des Glaubens zu sein, gerecht.
Grundsätzlich gesehen besitzen auch operative Lernprozesse – das Erproben und Einüben evangeliumsgemäßer Lebensformen – erhebliches Gewicht. Daß diese auf Verhaltensänderung gerichteten Verfahren von Schmidt nichtsdestoweniger nur beiläufig abgehandelt werden, ist ausschließlich durch die Überlegung bedingt, daß sie sich unter schuli-

schen Bedingungen nur in beschränktem Umfang praktizieren lassen. In dieser Hinsicht ist der RU deshalb auf die Unterstützung durch christliche Gruppen und Gemeinden angewiesen, die seine Arbeit »ergänzen und weiterführen« (136). Immerhin besteht auch im RU die Möglichkeit, in der Form des Spiels christliches Verhalten zu erproben und einzuüben.

Was die Forderung, dem Heranwachsenden den Weg zum Glauben zu öffnen, bedeutet, ist damit auf der Ebene unterrichtlicher Verfahren aufgezeigt worden. Verglichen mit den Vermittlungsstrategien der »Evangelischen Unterweisung« ist das Spezifikum der hier gemachten Vorschläge in der Betonung des rational-argumentativen Charakters des RU zu erblicken, während Identifikationslernen und Verhaltenslernen dort bereits eine wesentliche Rolle spielten.

Abschließend soll dieses Programm der Glaubensvermittlung noch, soweit erhebbar, unterrichtspraktisch konkretisiert werden.

B. Unterrichtspraktische Konkretionen

Schmidts Ausführungen zur Praxis des RU in der Sekundarstufe I konzentrieren sich auf jene für den Erfolg des Konzepts entscheidende Phase der Unterrichtsgestaltung, in der es darum geht, angesichts ganz anders gearteter Schülererfahrungen die Wahrheit und Relevanz der christlichen Botschaft nachzuweisen und den Heranwachsenden zu einem Einverständnis mit ihr zu bewegen. Wie sie konkret vermittelt werden kann, wird am Beispiel ihrer vier Grundaussagen – Herrschaft Gottes, Liebe/Gemeinschaft, Rechtfertigung und Glaube/Hoffnung – illustriert (125 ff).

1. Das Reden von der Herrschaft Gottes

Im Blick auf das biblische Zeugnis von der Herrschaft Gottes über Natur und Geschichte sollte an die dem Schüler dieser Altersstufe bereits zugängliche Einsicht, daß die Abläufe in Natur und Geschichte Spielraum für Veränderungen lassen, angeknüpft und deutlich gemacht werden, daß die Rede von der Herrschaft Gottes recht verstanden besagen will, daß Natur und Geschichte »ein von Gott geordnetes, menschlicher Verantwortung und menschlichem Erkennen aufgegebenes Geschehen« (129) bilden. Allerdings stößt auch diese, die Freiheit des Menschen betonende Deutung der biblischen Aussagen beim Heranwachsenden noch auf Widerspruch. Denn er ist überzeugt, daß Natur und Geschichte aus sich selbst bestehen und fühlt sich in dieser Überzeugung dadurch bestätigt, daß es in Natur und Geschichte eine Fülle von Erscheinungen gibt – unsinnige Entwicklungen, sinnlose Zerstörungen und absurde Lebensschicksale, – die sich mit dieser Vorstellung nicht in Einklang bringen lassen. Ein Weg, diesen Einwänden zum Trotz die Denkmöglichkeit des Glaubenszeugnisses zu erweisen, wird darin gesehen, die Verborgenheit der Herrschaft Gottes zu unterstreichen – Gott ist unsichtbar gegenwärtig und hält insgeheim die Fäden fest in seiner Hand (130) – und zugleich hervorzuheben, daß die Auferstehung Jesu und das durch Liebe gekennzeichnete gemeinsame Leben »Gottes Verheißung gegen das Leiden« (130) darstellen, das nur deshalb fortbesteht, weil Gott dem Menschen die Freiheit zur Weltgestaltung gewährt.

2. *Das Reden von Liebe und Gemeinschaft*

So gut wie keine Schwierigkeiten bereitet demgegenüber die Vermittlung jener Aussagen des Evangeliums, die die Botschaft von der Herrschaft Gottes auf die politisch-gesellschaftliche Lebenswelt übertragen und das Ideal eines gemeinschaftlichen Lebens, das durch »unmittelbare und uneigennützige Zuwendung und Hilfe« (135) gekennzeichnet ist, zum Gegenstand haben. Denn auch die Schüler dieser Altersstufe streben offenkundig oder insgeheim nach einer Gesellschaftsordnung, in der ein Friede herrscht, der mehr ist als allgemeines Wohlbefinden. In diesem Fall geht es lediglich darum, dieses Ziel mit Gehalten zu füllen, die der Botschaft und Praxis Jesu entstammen, bzw. dem jungen Menschen Maßstäbe zu vermitteln, die ihn zu einem Werten und Handeln im Sinne des Evangeliums befähigen. Zu diesem Zweck muß der Schüler Grundkenntnisse über die Verkündigung und das Verhalten Jesu erwerben und zugleich angeleitet werden, die hier gewonnenen Einsichten auf die Strukturen, Ordnungen und Handlungsweisen seiner Lebenswelt zu übertragen, d. h. sie einerseits vom Ideal bedingungsloser Liebe her zu kritisieren, andererseits sie insoweit zu bejahen, als sie zur Eindämmung des Bösen, bzw. zur Aufrechterhaltung des gesellschaftlichen Friedens unerläßlich sind. Über das dialektische Reflektieren von Gegenwartsproblemen hinaus sollte der RU ansatzweise freilich auch einen dem Evangelium gemäßen individuellen und gemeinschaftlichen Lebensstil erproben und einüben, der – am Beispiel des Strafens verdeutlicht (136) – zwar einen Verzicht auf solche Maßnahmen verlangt, die Ausdruck der Rache sind und damit dem Liebesgebot widersprechen, der aber ein Strafen, aus dem der Betroffene die helfende Absicht herausspüren kann, durchaus zuläßt, ja um seines Freiwerdens vom Bösen willen sogar erforderlich macht.

3. Das Reden von der Rechtfertigung

Die Vermittlung der Rechtfertigungsbotschaft, deren Bezugspunkt der »Prozeß der persönlichen Identitätssuche« (137) ist, stellt für den RU dagegen wieder eine schwierige Aufgabe dar. Während das Neue Testament davon redet, daß erst die Annahme durch Gott, bzw. der persönliche Glaube an den gerechtmachenden Gott, den Menschen mit sich identisch machen kann, ist der Jugendliche bestrebt, dieses Ziel dadurch zu erreichen, daß er die Normen, Werte und Erwartungen seiner Bezugsgruppe erfüllt und sich deren Wertschätzung und Anerkennung verschafft. Diese Intention, sich durch Erwerb von Sozialprestige selbst zu rechtfertigen, ist der tiefste Grund dafür, daß der Heranwachsende nicht bereit ist, die Herrschaft Gottes anzuerkennen. Da der christliche Glaube zudem weiß, daß Sinn- und Wertnormen, die von Menschen stammen, grundsätzlich außerstande sind, »Identität auf Dauer« (138) zu gewährleisten, ist der RU verpflichtet, diese Bemühungen kritisch zu begleiten und auch an dieser Stelle dialektisch zu urteilen. Sein Nein gilt in erster Linie den Glücksvorstellungen und Handlungsmustern, die in den jugendlichen Bezugsgruppen herrschen und den Leistungswillen des einzelnen bestimmen. Diesen Leitbildern müssen »christliche Modelle gemeinschaftlichen Lebens« (140) mit ihren ganz anders gearteten Sinnsetzungen, Lebensformen und Leistungserwartungen gegenübergestellt und so gedeutet werden, daß der Schüler durch sie die »zweifelhafte Tragfähigkeit« (138) der in der Gruppe geltenden und praktizierten Ideale – ihr Unvermögen, ein sinnvolles und gutes Leben zu vermitteln – erfährt. Dieses Nein bedeutet somit, im Unterschied zur radikalen Kritik der »Dialektischen Theologie«, keine Disqualifizierung der menschlichen Bemühungen um Selbstdarstellung und Gemeinschaft; es schließt vielmehr ein Ja ein, das dieses Streben nach Werten und Bezügen, die die Identität stützen, als lebensnotwendig anerkennt und ihm deshalb ein relatives Recht einräumt (138f). Allerdings ist es, wie Schmidts Forderung, den Heranwachsenden mit christlichen Lebensentwürfen zu konfrontieren, zeigt, an einem doppelten Maßstab zu messen: sowohl am Maßstab der Nächstenliebe, der an die Stelle der »Sorge um das eigene Selbst« die tätige »Fürsorge für andere« (139) setzt und damit alle Spielarten egoistischen Selbstverwirklichungsstrebens in Frage stellt; als auch am Maßstab der Gottesliebe, der es verbietet, daß innerweltliche Werte und Bezüge zum ausschließlichen Lebensinhalt, zum Ersatz für Gott, werden und damit alle Tendenzen, sie zu verabsolutieren und von ihnen das heilvolle Leben zu erwarten, durchkreuzt. Wie diese zweifache Korrektur jugendlicher Selbstrechtfertigungsversuche unterrichtlich durchzuführen bzw.

dem Schüler die Relevanz der Rechtfertigungsbotschaft plausibel zu machen ist, wurde mit den Stichworten Konfrontation mit christlichen Lebensmodellen und Aufweis des realen Defizits der eigenen Lebensorientierung bereits angedeutet. Hinzuzufügen ist lediglich noch, daß Schmidt von diesen Maßnahmen eine positive Resonanz beim Jugendlichen erwartet und damit rechnet, daß dieser sich für das christliche Lebensangebot – für die Lebenserfüllung, die dem Glauben verheißen ist – zu interessieren und mit den christlichen Vorbildern zu identifizieren beginnt. So gesehen ist die Zustimmung zur Botschaft von der Rechtfertigung nicht nur eine Frucht rationaler Argumentation, sondern auch Folge eines Bedürfnisses, das in den vorhandenen Normen und Bezügen keine wirkliche Befriedigung findet.

4. Das Reden vom Grund des Glaubens und der Hoffnung

Was schließlich die Vermittlung von Glauben und Hoffnung betrifft, so ist davon schon seither in Verbindung mit der Frage, wie sich die Grundaussagen der Bibel über das Herrsein Gottes, über Liebe/Gemeinschaft und Rechtfertigung des Menschen Schülern verständlich machen lassen, die Rede gewesen. Im jetzigen Zusammenhang weist Schmidt stattdessen auf den objektiven Ermöglichungsgrund christlicher Glaubenshoffnung hin (144 ff). Ob sie der Schüler durch den RU empfängt, hängt wesentlich davon ab, welches Christusbild ihm hier begegnet. Wird das neutestamentliche Christuszeugnis substantiell verkürzt – sei es im Namen des modernen Weltbilds oder nach den Kriterien einer emanzipatorisch ausgerichteten Religionsdidaktik – so sind die Chancen hierfür gering; denn dann ist Jesus lediglich ein Mensch, dessen Bedeutung für den Heranwachsenden sich in seiner Vorbildhaftigkeit erschöpft. Daß aus der unterrichtlichen Begegnung mit ihm Glaube und Hoffnung erwachsen, ist nur zu erwarten, wenn er als der lebendige Jesus Christus, in dem Gott selbst sich darstellt, dem Schüler vermittelt wird.
Zu den konstitutiven Elementen einer Christologie des RU gehören selbstverständlich alle soteriologisch relevanten Aspekte des neutestamentlichen Christuszeugnisses: Jesu Botschaft und Lebenspraxis – denn in ihr spiegelt sich das Bild eines wahrhaft heilen Lebens wider; Jesu Sterben und Auferstehen – denn in der Selbsthingabe Jesu und seiner Erhöhung durch Gott zeigt sich, daß er das heile Leben für alle Menschen gewährleistet; und Jesu Herrschaft als Kyrios – denn sie garantiert das Ende des Todes, des Leids und der Gewalt und macht damit deutlich, daß es sinnvoll ist, für ein heiles Leben zu kämpfen (145 f). Als unaufgebbar erscheinen Schmidt jedoch auch diejenigen Gehalte

der Jesusüberlieferung, die Wundercharakter tragen. Dies gilt sowohl – von einigen Ausnahmen abgesehen (168) – für die Zeichen und Wunder, die der synoptischen Tradition zufolge Jesus zu seinen Lebzeiten tat, als auch und vor allem für das Zentralwunder seines Auferwecktwerdens durch Gott (146f). Auch mit der Eliminierung dieser transzendenten Gehalte würde die Möglichkeit entfallen, dem Schüler zu einer persönlichen Glaubenshoffnung zu verhelfen. Daß sie wahr sind, läßt sich freilich auf argumentativem Wege nicht plausibel machen. Ihrer Anerkennung, insbesondere der Anerkennung des Auferstandenseins bzw. Herrseins Jesu, steht nämlich »die Selbstbehauptung des modernen Menschen« entgegen, »der den göttlichen Eingriff in seinen Verfügungsraum« nicht dulden und diese Aussagen deshalb auch nicht akzeptieren kann (147). In diesem Falle ist der Religionslehrer vielmehr zu einem glaubwürdigen Zeugnis aufgerufen, das, wenn es auf innerer Gewißheit beruht, vom Heranwachsenden als echt empfunden wird und damit überzeugend wirkt. Zumindest an dieser Stelle stößt die Methode des rationalen Argumentierens somit an ihre Grenze und bedarf der Ergänzung durch das persönliche Bekenntnis.

C. Zusammenfassung

Da die regulative Mitte des RU das Evangelium von Jesus Christus als dem Offenbarer Gottes ist, erhebt er den Anspruch, Sinn- und Wertorientierungen zu besitzen, die insofern höchste Verbindlichkeit haben, als allein sie ein stabiles Lebensfundament und eine eindeutige Verhaltensausrichtung zu vermitteln vermögen. Diesem Selbstverständnis entsprechend ist es sein Ziel, den Heranwachsenden durch Veränderung seines Denkens, Wertens und Handelns auf den Weg des Glaubens zu bringen und ihn damit zu befähigen, in Sinn- und Wertfragen selbständige Entscheidungen zu treffen und das als wahr und gut Erkannte – den gegenläufigen Tendenzen der Umwelt zum Trotz – in die Tat umzusetzen. Sollen diese Bemühungen Aussicht auf Erfolg haben, so müssen jene Erfahrungssituationen, die die Vorstellungen, Einstellungen und Verhaltensweisen der Schüler prägen, zum Gegenstand des RU gemacht und an ihnen mittels geeigneter biblischer Texte aufgezeigt werden, wie Menschen, die an Jesus Christus glauben, diese Erfahrungen deuten und bewältigen. Eine bloße Konfrontation mit dem Neuen und Anderen, das dieser Glaube repräsentiert, genügt allerdings nicht. Damit Veränderungen zustande kommen, ist es vielmehr unerläßlich, dieses Neue und Andere durch rationale Argumentation, personale Repräsentation und spielerisches Verhaltenstraining so zu vermitteln, daß der junge Mensch dieser Wahrheit beipflichten, sich mit ihr identifizieren und sie ansatzweise auch erproben kann. Wie dies unterrichtlich bewerkstelligt werden soll, ist zumindest in Umrissen deutlich geworden. In diesen Konkretionen wurde aber auch erkennbar, daß die Erreichung des Ziels nicht nur von den Vermittlungsverfahren abhängt, sondern auch von der theologischen Ausrichtung des RU; davon, ob in ihm das unverkürzte biblische Christuszeugnis dem Schüler begegnen kann.

IV. Kritik

Man wird Schmidt darin uneingeschränkt beipflichten müssen, daß die neutestamentliche Christusbotschaft die Sachmitte religionsdidaktischer Theorie und Praxis bildet. In der Tat geht es im RU darum, die für die Lebensorientierung des Schülers grundlegenden Erfahrungen im Lichte des Evangeliums aufzuarbeiten und damit dessen spezifische Relevanz für das Verständnis und die Bewältigung dieser Erfahrungen dem Heranwachsenden einsichtig zu machen. Wo die Aussagen der biblisch-christlichen Überlieferung lediglich dazu dienen, dem jungen Menschen sittliche Regulative bzw. christliche Leitbilder zu vermitteln, und nicht auch dazu, ihn mit dem Heilsangebot des biblischen Glaubens zu konfrontieren – der Zusage, von Gott angenommen und zum Vertrauen auf Gott berufen zu sein –, kommt deshalb tatsächlich das Evangelium nur unzulänglich zum Tragen. Ebenso richtig ist, daß es andererseits nicht genügt, das Evangelium ausschließlich in seiner biblischen Gestalt und damit in der didaktischen Form des Bibelunterrichts zu artikulieren; daß es vielmehr, soll seine aktuelle Bedeutung sichtbar werden, im Kontext der neuzeitlichen Lebenswelt zur Sprache kommen muß. Trotz dieser prinzipiellen Zustimmung zu Schmidts religionsdidaktischem Ansatz, sind an einige Aspekte und Elemente seiner Theorie und der durch sie bestimmten Praxis auch kritische Anfragen zu richten.

A. Kritik der Zielvorstellungen

Auch wenn Schmidt aus pragmatischen Gründen – aus der richtigen Einsicht heraus, daß die erzieherischen Möglichkeiten des schulischen RU begrenzt sind – seine Zielvorstellungen gelegentlich zurückhaltend formuliert (128), steht doch fest, daß er dem Schüler eine christliche

Überzeugung vermitteln, ja soweit möglich ihn zum persönlichen Glauben hinführen möchte. Daß diese Ziele im Rahmen einer Glaubenserziehung, die von Familie und Kirche getragen und verantwortet wird, ihr Recht haben, ist ganz selbstverständlich. Wenn sie jedoch, wie hier, undifferenziert auf den RU übertragen werden, so sind dagegen einige Bedenken anzumelden.

Problematisch ist zunächst die Art und Weise, wie diese Ziele gewonnen werden. Daß sie theologische Ableitungen darstellen und den Wahrheitsanspruch des christlichen Glaubens zum Ausdruck bringen, ist noch kein Grund zur Kritik. Bedenklich stimmt dagegen die Tatsache, daß Schmidt sie nicht auch pädagogisch reflektiert. Lediglich an einer Stelle wird dieser Zielkatalog mit dem Hinweis pädagogisch zu begründen versucht, daß der junge Mensch, um Mündigkeit zu erlangen, ein stabiles Sinnfundament und eine klare Handlungsorientierung brauche (96). Doch ist dieses Argument nur bedingt stichhaltig; denn es erklärt lediglich, weshalb Erziehung keine weltanschauliche Abstinenz wahren darf, sondern die Vermittlung von Sinn- und Wertnormen einschließen muß; erweist jedoch nicht die Notwendigkeit spezifisch christlicher Orientierungsdaten. Davon abgesehen wird die erziehungswissenschaftliche Diskussion über die Ziele und Aufgaben heutiger schulischer Erziehung ignoriert. So verständlich diese Zurückhaltung angesichts der Tatsache ist, daß die von der Erziehungswissenschaft aufgestellten Leitbilder in der Regel Leerformeln darstellen, so sehr ist sie doch zu bedauern. Denn damit droht die Gefahr, den RU gegenüber den Leitbildern der Schule zu isolieren, bzw. der Religionsdidaktik die Chance zu kritischer Mitarbeit an deren Aufgabenbestimmung zu nehmen.

Fragwürdig sind Schmidts Zielvorstellungen aber auch deshalb, weil sie viele Religionslehrer gesinnungsmäßig überfordern. Sieht man von einer das Anspruchsniveau reduzierenden Ausnahme ab, die vom Unterrichtenden – durchaus legitim – die Haltung der Lernbereitschaft gegenüber dem Evangelium verlangt (128), so wird von ihm erwartet, daß er in einem persönlichen Sinne Christ, d. h. imstande und bereit ist, die Glaubenswahrheit in Wort und Tat zu vertreten und den Schüler dadurch zur Identifikation mit ihr zu bewegen. Diese Aufgabe, Geburtshelfer des Glaubens zu sein, bzw. – dem Vorbild der Evangelisten entsprechend – »Jesus groß zu machen«[22], dürften sich nur wenige

[22] H. Hanisch, G. Martin, G. H. Ruddies, H. Schmidt: Qualifiziert als Lehrer und Erzieher (1978), S. 129 ff. In einer neueren Veröffentlichung (Zeitschrift für Evangelische Ethik 1979 H. 4, S. 272 ff) werden die Anforderungen an den Lehrer zurückhaltender bestimmt; in ihr finden sich auch Ansätze zum Gespräch mit der Erziehungswissenschaft.

gewachsen fühlen. Wenn Schmidt in dieser Überforderung ein ausschließlich individuelles Problem erblickt, das sich in Fortbildungsveranstaltungen früher oder später beheben läßt (128), so ist damit ihre Tragweite verkannt. In Wirklichkeit beeinflußt sie auch den Unterricht und kann dazu führen, daß dieser, weil nur halbherzig erteilt, seine Glaubwürdigkeit und damit auch seine erzieherische Effizienz verliert. Die Erfahrungen, die in dieser Hinsicht mit dem ähnlich ausgerichteten Programm der »Evangelischen Unterweisung« gemacht wurden und die bereits 1952 den Pädagogen R. Lennert zu der Bemerkung veranlaßten, daß derjenige, der vom Religionslehrer zuviel fordere, mit seiner Theorie scheitern müsse[23], sollten als warnendes Beispiel ernst genommen werden.

Schließlich sind aus der Perspektive des Schülers kritische Anfragen an dieses Zielkonzept zu richten. Besteht hier nicht die Gefahr, daß dieser, da er ja für den christlichen Glauben gewonnen werden soll, in seiner Wahlfreiheit begrenzt und damit manipuliert wird? Sofern man ausschließlich die Ziele anvisiert, ist diese Möglichkeit in der Tat keineswegs auszuschließen. Achtet man jedoch darauf, wie diese Intentionen systemimmanent zur Geltung kommen, so wird man wesentlich vorsichtiger urteilen müssen. Auf der Inhaltsebene ist nämlich zumindest grundsätzlich daran gedacht, auch nichtchristliche Sinn- und Wertüberzeugungen – vermutlich doch ihrem Selbstverständnis entsprechend – zu Wort kommen zu lassen und dem Heranwachsenden damit Alternativen der Lebensorientierung vor Augen zu stellen. Ebenso wird auf der Verfahrensebene die Freiheit des Schülers dadurch gewahrt, daß an seine Einsicht appelliert, bzw. er zum Denken und Argumentieren aufgefordert wird. Daß für das gesamte Unterrichtsgeschehen christliche Regulative maßgeblich sind, kann ebenfalls nicht als Manipulation verstanden werden; es sei denn, man ginge vom erzieherisch unfruchtbaren Ideal eines wertneutral-informierenden RU aus. Allerdings ist nicht auszuschließen, daß auf unterrichtspraktischer Ebene manipulative Tendenzen wirksam werden; sie gehen dann aber nur bedingt zu Lasten dieser Theorie. Immerhin läßt sich nicht bestreiten, daß die gesteckten Ziele sich leicht mit missionarischem Eifer paaren können und der RU zu einer Einbahnstraße wird, die geradewegs zur Glaubensentscheidung führt. Daß Schmidt an dieser Stelle kein Problembewußtsein zeigt, stimmt nachdenklich. Deutlicher noch als es hier in der Tat der Fall ist, müßte hervorgehaben werden, daß die normative Kompetenz, die dieser Unterricht anstrebt, nicht auf dem Wege kontinuierlicher Beeinflussung, sondern nur über fortschreitende und

[23] H. Stock: Beiträge zur Religionspädagogik (1969), S. 67.

sich vertiefende Einsicht in die Wahrheit christlichen Glaubens erworben werden kann, bzw. daß es im RU nicht darum geht, Lebensfragen definitiv zu beantworten, sondern darum, die Perspektiven des Evangeliums zum Ausgangspunkt neuen Lernens zu machen.
Aus dem allem ergibt sich ein klares Nein zu der von Schmidt vorgenommenen Übertragung familiär-kirchlicher Erziehungsziele auf den schulischen RU, sowie die Forderung, diese Ziele so zu differenzieren, daß sie von Lehrern, die in Glaubensdingen lernbereit sind, guten Gewissens bejaht werden können und von Schülern, die der Sache des RU kritisch-distanziert gegenüber stehen, nicht als Manipulation empfunden werden.

B. Kritik der Vermittlungsstrategien

Während Schmidts Aussagen über das Gegenstandsfeld des RU zumindest dann zugestimmt werden kann, wenn nichtchristliche Sinn- ued Wertsysteme in ausreichendem Umfang berücksichtigt und Grenzsituationen nicht grundsätzlich ausgeschlossen werden, sind gegenüber seinen Vorstellungen von den Verfahren, mittels derer die Brücke zwischen christlicher Botschaft und Alltagswelt des Schülers geschlagen und das Andere und Neue des Evangeliums plausibel gemacht werden soll, wiederum Vorbehalte zu machen.
Das Identifikationslernen ist davon nur am Rande betroffen, da Schmidt selber die Notwendigkeit sieht, dieses durch kognitive Prozesse zu ergänzen. Nicht ausgesprochen wird freilich, daß auf diesem Wege auch Abhängigkeiten entstehen können, die den Heranwachsenden möglicherweise für Jahre auf die Glaubens- und Lebensform des Religionslehrers festlegen und sein Mündigwerden in Glaubens- und Lebensfragen erschweren. Wer Identifikation empfiehlt, muß aus pädagogischen Gründen auch fordern, daß der Unterrichtende dem Schüler den individuellen, letztlich nicht imitierbaren Charakter seines Christseins zu Bewußtsein bringt und darauf bedacht ist, den Prozeß des Glauben-Lernens in Bewegung zu halten.
Kritischer als das Identifikationslernen ist die Strategie rationaler Argumentation zu bewerten. Zwar ist sie prinzipiell insofern positiv einzuschätzen, als sie das methodische Widerlager gegen manipulative Bestrebungen darstellt, die sich aus den Zielen dieses RU ergeben könnten. Vor allem im RU der Hauptschulen zeigt sich jedoch, daß die Schüler – bedingt durch ihre sehr begrenzten Fähigkeiten zu sprachlicher und begrifflicher Verbalisierung insbesondere von Sinn- und Wertfragen – am argumentativen Gespräch sich kaum beteiligen und

von dem Angebot, die Rolle gleichberechtigter Diskussionspartner zu übernehmen, so gut wie keinen Gebrauch machen können. Da die Interaktion infolgedessen in der Regel asymetrisch verläuft, dominieren die Argumente des Lehrers derart, daß allein sie über das Ergebnis des Unterrichts entscheiden. Ob dieses Verfahren seinen Zweck, aufgrund von Einsicht Zustimmung herbeizuführen, zu erfüllen vermag, ist darum höchst zweifelhaft. Eher ist zu befürchten, daß die Schüler die vom Unterrichtenden vertretene Position stillschweigend akzeptieren und damit keine Anstöße zur Veränderung ihres Denkens, Wertens und Verhaltens empfangen. Im RU der Realschule, vermutlich auch des Gymnasiums, in dem die Voraussetzungen für die Realisierung einer idealen Gesprächssituation günstiger sind, treten die Grenzen und Gefahren des rationalen Argumentierens an einer anderen Stelle in Erscheinung. Hier ist nicht selten zu beobachten, daß der Unterrichtende in Beweisnot gerät, d. h. sich außerstande sieht, die Denk- und Lebensformen des Glaubens so plausibel zu machen, daß sie den am Rationalitäts- oder am Zweckmäßigkeitsprinzip orientierten Heranwachsenden zu überzeugen vermögen. Zieht sich der Religionslehrer in dieser Situation auf die unangreifbare Position seiner subjektiven Überzeugung zurück, so besteht die Gefahr – der diese Methode gerade entgehen will – daß auch die von ihm vertretene Sache als etwas Subjektives und damit Relatives erscheint; bemüht er sich dagegen, mit Hilfe weiterer Argumente seinen Standpunkt als gültig zu erweisen, so drohen sich die Fronten zu verhärten und die Schüler die Bereitschaft zum Umlernen zu verlieren.
Trotz dieser aus unterrichtspraktischer Sicht geäußerten Bedenken muß der RU – will er die Wahrheit des christlichen Glaubens nicht nur behaupten, sondern einsichtig machen – von der Möglichkeit des Argumentierens Gebrauch machen. Die angedeuteten Schwierigkeiten und Gefahren legen es jedoch nahe, diese Methode nicht rationalistisch zu handhaben – mit dem Ziel, die Denkmöglichkeit der Glaubensgehalte nachzuweisen, – sondern sie, konsequenter als Schmidt selber dies gelegentlich tut, als hermeneutisches Instrument zu benutzen und ihre Funktion darin zu sehen, die mögliche Relevanz der christlichen Botschaft für die Lebensorientierung und die Lebensbewältigung zu verdeutlichen. Wo in diesem Sinne ihre Aufgabe bestimmt wird, ist auch sichergestellt, daß ihr Leistungsvermögen realistisch eingeschätzt wird. Daß rationale Argumentation dazu führen kann, daß junge Menschen den Aussagen des Glaubens zustimmen, vielleicht sogar zu einem persönlichen Glauben finden, soll damit – auch aus theologischen Gründen – nicht völlig ausgeschlossen werden. Ebenso sicher ist aber, wie die Unterrichtserfahrung beweist, daß sich diese Fälle

nicht verallgemeinern lassen. Wer sie zum theoretischen Modell erhebt, an dem er seine Vermittlungsstrategien ausrichtet, schreibt ihnen eine Allgemeingültigkeit zu, die sie in Wirklichkeit nicht besitzen. Dadurch verknüpfen sich mit dieser Methode Erfolgserwartungen, die sich in aller Regel als zu hoch erweisen und deshalb notwendigerweise zu Mißerfolgserlebnissen führen, die den Lehrer entmutigen. Vor allem aber besteht dort, wo man ihre Funktion rationalistisch bestimmt, die Gefahr, daß die Vermittlung überhaupt mißlingt und die Heranwachsenden weder befähigt noch motiviert werden, in Lernprozesse einzutreten, die zu Veränderungen führen können. Selbstverständlich bietet auch ihre hermeneutische Anwendung keine Garantie dafür, daß diese Prozesse in Gang kommen; ihr Vorzug dürfte immerhin darin bestehen, sie nicht zu blockieren.

C. Kritik der Vorstellungen vom Bedingungsfeld des Religionsunterrichts

Daß Schmidts Analyse der Alltagswelt und der Situation des Schülers von dem Interesse geleitet ist, die Punkte zu markieren, an denen sich das Angewiesensein der Gesellschaft und des Einzelnen auf die Botschaft des Evangeliums zeigt, bzw. sich die Relevanz des christlichen Glaubens für Lebensorientierung und Lebensgestaltung erweisen kann, ist durchaus legitim; jedenfalls solange, als dieses Interesse nicht dazu führt, der Alltagswelt und dem Schüler eine Offenheit und Bereitschaft für dieses Lebensangebot zuzuschreiben, die sie in Wirklichkeit nicht haben. Dieser Gefahr, die tatsächlich bestehende Kluft zwischen ihnen und dem Evangelium zu unterschätzen, ist Schmidt nicht ganz entgangen.

Einen ersten Beleg hierfür bietet die für seine Sicht der Dinge charakteristische Vorstellung von der Orientierungslosigkeit der heutigen Gesellschaft und der in ihr Lebenden. Sofern diese Etikettierung ein theologisches Werturteil darstellt und besagen soll, daß nach christlicher Überzeugung die in den verschiedenen Weltanschauungsgruppen herrschenden, miteinander konkurrierenden Sinn- und Wertsysteme keine Orientierungsdaten für ein sinnerfülltes und gutes Leben zu vermitteln vermögen und deshalb auch nicht imstande sind, die Probleme der Zeit zu meistern, ist sie von dieser Kritik nicht betroffen; denn so verstanden sagt sie nichts darüber aus, wie der neuzeitliche Mensch selber seine Lage bewertet, sondern darüber, wie der Glaube sie beurteilt. Zumindest was die Situation des Schülers betrifft, scheint diese Charakterisierung jedoch anders gemeint zu sein. Hier hat man den

Eindruck, daß – Schmidts Einschätzung zufolge – jedenfalls einem Teil der Heranwachsenden das Sinn- und Wertdefizit der heutigen Gesellschaft nicht verborgen bleibt, sondern sie veranlaßt, dem Angebot des RU, sofern es sich um praktikable Hilfen handelt, lernbereit zu begegnen. Ist diese Vorstellung realistisch? Geht man wiederum von Erfahrungswerten aus, die selbstverständlich nicht repräsentativ sind, z. T. jedoch durch neuere empirische Erhebungen bestätigt werden[24], so ist eher anzunehmen, daß selbst in der Pubertät diese Defizite zu keiner Suche nach Lebenshilfen führen. Offensichtlich sind die Normen und Lebensformen, die dem Schüler – z. T. in der reflektierten Form von Weltanschauungen – in seiner Alltagswelt begegnen, durchaus imstande, seine Bedürfnisse zu befriedigen und ein Bewußtsein der Identität zu vermitteln. Die Bindung des jungen Menschen an sie und damit seine Distanz zur christlichen Botschaft dürfte somit in Wirklichkeit größer sein als diese Analyse wahrhaben will.
Daß sie das Bedingungsfeld des RU nicht ganz zutreffend beschreibt, zeigt sich vor allem daran, daß in ihr der neuzeitliche Atheismus so gut wie keine Rolle spielt. Zwar wird auf den methodischen Atheismus der Wissenschaften sowie auf die Tatsache des Transzendenzverlustes hingewiesen; abgesehen jedoch davon, daß dies beiläufig geschieht, ist mit diesen Begriffen auch keineswegs der Kern der Sache getroffen. Mit ihnen wird nämlich lediglich die empirisch konstatierbare und gesellschaftlich wirksame Außenseite des Atheismus erfaßt und zum Ausdruck gebracht, daß für die Arbeit der Wissenschaften, sowie für das im Bereich der Öffentlichkeit sich vollziehende Urteilen und Handeln der Individuen der Gottesgedanke bedeutungslos ist. Daß der Atheismus darüber hinaus eine innere Realität darstellt – eine Macht, die das Selbstverständnis der modernen Gesellschaft und nicht nur ihre handlungsleitenden Motive bestimmt und damit auch die Grundeinstellung der Heranwachsenden prägt – wird dabei aber ignoriert. Auch an dieser Stelle wird die Kluft, die die Schüler von der christlichen Botschaft trennt, unterschätzt und nicht gesehen, daß es für die meisten nicht nur, wie Schmidt meint, nicht selbstverständlich ist, an Gott zu glauben, sondern selbstverständlich ist, nicht an Gott zu glauben. Dieselbe Kritik ist auch gegenüber seiner Deutung der Motive des neuzeitlichen Atheismus zu äußern. Wenn er diese in der Selbstbehauptung erblickt, so ist dagegen nichts einzuwenden; vorausgesetzt allerdings, daß damit eine zum Wesen des Menschen gehörende Tendenz

[24] H. J. Benedict: Religionsverlust und Sinnstiftung in der Jugendphase als Herausforderung an die Religionspädagogik (Der Evangelische Erzieher 1979 H. 1, S. 2 ff).

gemeint ist. Da diese ontologische Deutung jedoch verschiedentlich durch eine konkret-empirische ersetzt und Selbstbehauptung als ein bewußtes Nicht-Wollen verstanden wird – als ein bewußtes, dem Wunsch nach unbegrenzter Selbstverfügung entspringendes Nein zu Gott – ist wiederum zu fragen, ob diese Erklärung, vor allem wenn man dabei an Schüler denkt, stichhaltig ist. Sie setzt ja voraus, daß für die Heranwachsenden Gottes Herrschaftsanspruch eine gewissensmäßige Evidenz besitzt; daß die Schüler jedoch, um ihre Freiheit nicht zu verlieren, nicht bereit sind, diesen Anspruch, dessen Berechtigung sie empfinden, für sich gelten zu lassen. Jene Schüler ausgenommen, die christlich-kirchlich erzogen wurden, ist diese Prämisse unrealistisch; ein Gottesverhältnis dieser Art haben die meisten von ihnen nicht. Aus diesem Grunde darf die Wurzel ihres Atheismus auch nicht im Bereich des Willens gesucht werden; ihre Haltung ist vielmehr als Symptom fehlender Gotteserfahrung und als Zeichen mangelnder Betroffenheit von der Wirklichkeit Gottes zu interpretieren. Daß ihr Defizite dieser Art zugrunde liegen, zeigt sich auch daran, daß die Heranwachsenden, wenn von Gott die Rede ist, in der Regel nicht mit Ablehnung, sondern mit Desinteresse reagieren.
Beide Einwände gegenüber Schmidts Bild vom Bedingungsfeld des heutigen RU machen deutlich, daß der Verlust an christlicher Tradition in der Alltagswelt höher und infolgedessen die Entfernung zwischen Schüler und Glaubensbotschaft weiter ist, als hier vermutet wird. Es liegt auf der Hand, daß sich auch daraus kritische Anfragen an die Zielvorstellungen und Vermittlungsstrategien dieser Religionsdidaktik ergeben. Eine realistische Bestandsaufnahme legt die Vermutung nahe, daß die Realisierbarkeit dieser Ziele, zumindest mit den Mitteln des Unterrichts, zweifelhaft ist; vor allem aber macht sie deutlich, daß angesichts fehlender Erfahrung und mangelnder Betroffenheit rationale Argumentation nicht geeignet ist, diese Distanz zu überwinden und den Zugang zum Glauben zu eröffnen.

Das kritische Gespräch mit Schmidts Religionsdidaktik hat sich auf jene Aspekte beschränkt, die für Theorie und Praxis des RU von unmittelbarer Bedeutung sind, und sowohl ihre soziologischen und theologischen Vorentscheidungen als auch ihre diesbezüglichen Abhängigkeiten außer Betracht gelassen. Das diese Kritik leitende Interesse war, auf die Probleme und Gefahren hinzuweisen, die aus ihrer unterrichtlichen Verwirklichung erwachsen und von hier aus Rückfragen an ihre Zielvorstellungen und Vermittlungsvorschläge, sowie an ihr Bild vom Bedingungsfeld des RU zu richten. Daß sie wiederholt als unrealistisch eingestuft wurde, sollte auf ihr Hauptdefizit – ihre mangelnde Erfassung der tatsächlichen Gegebenheiten und der tatsächlichen Möglichkeiten des RU – aufmerksam machen. Daß die ihr in vieler Hinsicht nahestehende Konzeption der »Evangelischen Unterweisung« daran gescheitert ist, daß sie aus theologischen Gründen zuviel erreichen wollte – nicht nur daran, daß sie nicht über die geeigneten Inhalte und Methoden verfügte – sollte zu denken geben.

Schluß

Überblickt man die drei heute maßgeblichen Konzeptionen, so ist deutlich, daß sie in wesentlichen Punkten divergieren. Daß die Differenzen zwischen ihnen unterschiedlich groß sind, soll damit ebenso wenig bestritten werden wie die Tatsache, daß es Intentionen und Elemente gibt, die allen Positionen gemeinsamt sind. Mit der Hervorhebung ihrer Gegensätzlichkeit soll jedoch der Vorstellung entgegengetreten werden, die Religionsdidaktik könne – Kompromißbereitschaft vorausgesetzt – das einheitliche Profil zurügewinnen, das sie in den Augen vieler bis zu Beginn der Aera des problemorientierten RU besaß[25]. So verständlich dieser bei nicht wenigen Religionslehrern anzutreffende Wunsch nach einer Synthese der konträren Theorien ist, so wenig Aussichten hat er doch, in absehbarer Zeit in Erfüllung zu gehen. Abgesehen davon, daß dabei der gesellschaftliche und kirchliche Pluralismus, aber auch die Bedeutung der konzeptionellen Pluralität für den Fortgang des wissenschaftlichen Gesprächs ignoriert wird, ist eine Einigung vor allem deshalb nicht zu erwarten, weil diesen Positionen unterschiedliche Prämissen theologischer, anthropologischer, soziologischer und pädagogisch-didaktischer Art zugrundeliegen, die ihrerseits durch elementare Überzeugungen und Interessen bedingt sind und infolgedessen nicht ohne weiteres zur Disposition gestellt werden

[25] Im Blick auf den RU einzelner Bundesländer ist diese Erwartung allerdings keineswegs unrealistisch, da die neuen Lehrpläne z. T. auch konzeptionelle Entscheidungen treffen und damit auf die Praxis uniformierend wirken.

können. Natürlich ist es trotzdem berechtigt, zur Überwindung unangemessener Alternativen aufzurufen und statt doktrinärer Entgegensetzung einen redlichen Dialog zu fordern[26]; als wenig ergiebig ist aber der Versuch zu bewerten, auf normativer Ebene zu vermitteln und insbesondere in der Frage der inneren Ausrichtung des RU einen fachdidaktischen Konsens herzustellen[27]. Aus diesem Grunde sollen abschließend keine Gemeinsamkeiten herausgestellt oder gar Vermittlungsvorschläge unterbreitet, sondern einige Probleme genannt werden, deren Abklärung die Diskussion erleichtern und den kommunikativen Prozeß fördern würde.

Erforderlich ist in erster Linie eine explizite Darstellung der theologischen, anthropologischen und sozialphilosophischen Axiome, die die jeweilige Theorie fundieren. Obwohl in allen Konzeptionen, am gründlichsten bei Schmidt, einzelne Elemente des Orientierungshorizonts offengelegt werden, fehlt doch überall eine systematisch durchgeführte Explikation aller normativen Prämissen. Infolgedessen bleibt in dieser Hinsicht vieles im Dunkeln. Unklar ist z. B., inwieweit Vierzig sich mit der »Materialistischen Theologie« identifiziert, welches anthropologische Leitbild für Stoodt maßgeblich ist und welches theologische Wirklichkeitsverständnis Schmidt vertritt. Solange konstitutive Theoreme aber undurchsichtig bleiben, z. T. sogar Rätsel aufgeben, ist es kaum möglich, sich ein begründetes Urteil über diese religionsdidaktischen Positionen zu bilden. Selbst der fachkundige Leser vermag sich dann bestenfalls mit den religiösen, pädagogischen oder politischen Interessen auseinanderzusetzen, die der einzelne Fachdidaktiker vertritt, nicht aber die Grundentscheidungen zu problematisieren, die dieser getroffen hat. Ob ein auf Interessenebene geführtes Gespräch die fachinterne Diskussion voranbringt, ist zu bezweifeln; eher ist zu befürchten, daß diese Interessen zu Hypostasen werden, die die konzeptionelle Kommunikation blockieren.

Erforderlich ist auf längere Sicht sodann eine Bestandsaufnahme über die Wirkungen, die diese Theorien in der Praxis haben. Eine Überprüfung ihres Effekts – durchgeführt anhand ihres jeweiligen Zielkatalogs – erscheint schon deshalb als ratsam, weil sie Veränderungen beim Schüler intendieren, die – wie die Veränderung von Werthaltung und Verhalten – unter schulischen Bedingungen nur schwer herbeigeführt

[26] H. Horn: Vom Elend der Alternativen im Religionsunterricht 1977³, S. 195 ff.
[27] Ob ein solcher auf den empirischen Arbeitsgebieten der Religionsdidaktik, z. B. hinsichtlich des Bildes von der Schülersituation, erreichbar ist, muß offen gelassen werden; bedenkt man die in diesen Konzeptionen sichtbar werdende unterschiedliche Interpretation der Erfahrungsphänomene, so ist freilich selbst hier vor Optimismus zu warnen.

werden können. Da anzunehmen ist, daß eine Erfolgskontrolle in allen drei Fällen eine beträchtliche Diskrepanz zwischen theoretischem Anspruch und tatsächlich Erreichbarem deutlich werden läßt, könnte dieses Resultat zu erneutem Nachdenken über die Zielvorstellungen führen und damit auch die fachdidaktische Diskussion darüber wieder in Gang bringen.

Erforderlich ist schließlich eine weitergehende praxisbezogene Konkretion dieser Theorien. Dabei geht es nicht nur darum, dem Praktiker noch detailliertere Anleitungen zur theoriegemäßen Gestaltung des Unterrichts zu geben, sondern auch und vorrangig darum, ihm zu zeigen, wie er Schülern verschiedener Altersstufen die für die einzelnen Konzeptionen grundlegenden Sinn- und Wertnormen erfahrbar, bzw. einsichtig machen kann. Sicherlich gibt es auch hierüber Andeutungen grundsätzlicher Art; da sie jedoch kaum konkrete Handlungsweisungen enthalten, ist ihre Bedeutung für den Unterricht gering. Die Erörterung dieser Frage – der Vermittlungsfrage – dürfte die vordringlichste Aufgabe heutiger Religionsdidaktik bilden. Werden nämlich an dieser Stelle keine praktikablen Lösungen gefunden, so steht tatsächlich zu erwarten, daß der RU seinem Anspruch, Werthaltung und Verhalten der Heranwachsenden zu verändern, nicht gerecht zu werden vermag.

Verzeichnis der zitierten Literatur

I. Baldermann: Der biblische Unterricht, 1969

I. Baldermann, G. Kittel: Die Sache des Religionsunterrichts, 1975

H. J. Benedict: Religionsverlust und Sinnstiftung in der Jugendphase als Herausforderung an die Religionspädagogik (Der Evangelische Erzieher 1979 H. 1, S. 2 ff)

P. C. Bloth, K. Bornkamm, R. Fischer, E. Hübner (Hg.): Mutuum Colloquium, 1972

G. Bohne: Das Wort Gottes und der Unterricht, 1929[1], 1964[3]

K. Deßecker, G. Martin, K. Meyer zu Uptrup: Religionspädagogische Projektforschung, 1970

K. Dienst: Religionsunterricht – Interaktion – Gesellschaft (Der Evangelische Erzieher 1971 H. 1, S. 10 ff)

H. J. Dörger: Religionsunterricht in der Schule, Urban TB 623, 1976
H. J. Dörger, J. Lott, G. Otto: Einführung in die Religionspädagogik, Urban TB 631, 1977
H. Grosch: Religionspädagogik am Scheideweg, 1974
H. Halbfas: Fundamentalkatechetik, 1968
H. Halbfas: Aufklärung und Widerstand, 1971
O. Hammelsbeck: Der Kirchliche Unterricht, 1939
H. Hanisch, G. Martin, G. H. Ruddies, H. Schmidt: Qualifiziert als Lehrer und Erzieher im Religionsunterricht, 1978
H. Horn: Vom Elend der Alternativen im Religionsunterricht, 1977[3]
R. Kabisch: Wie lehren wir Religion? 1910[1], 1931[7]
H. B. Kaufmann: Streit um den problemorientierten Unterricht, 1973
H. Kittel: Vom Religionsunterricht zur Evangelischen Unterweisung, 1947
H. Kittel: Studien zu Religionspädagogik und Lehrerbildung, 1968
H. Kittel: Freiheit zur Sache, 1970
H. Kittel: Evangelische Religionspädagogik, 1970
G. Klages: Die Bibel im Religionsunterricht (Radikale Mitte Bd. 10), 1974
G. Martin: Religionsunterricht als Gespräch über Wirklichkeit und Glauben, in: W. G. Esser (Hg.): Zum Religionsunterricht morgen (Bd. 2), 1971, S. 161 ff
K. E. Nipkow: Schule und Religionsunterricht im Wandel, 1971
K. E. Nipkow: Grundfragen der Religionspädagogik, GTB 105/106, 1975
G. Otto: Schule – Religionsunterricht – Kirche, 1961
G. Otto: Schule und Religion, 1972
G. Otto, H. J. Dörger, J. Lott: Neues Handbuch des Religionsunterrichts, 1972
R. Preul: Kategoriale Bildung im Religionsunterricht, 1973
M. Rang: Handbuch für den biblischen Unterricht, 1947
H. Schmidt: Die Stellung des curricularen Arbeitsschemas in der gegenwärtigen religionspädagogischen Diskussion, in: Theologie und Curriculum, hg. vom Religionspädagogischen Institut der Evang. Landeskirche in Baden, 1975, S. 75 ff
H. Schmidt: Unterricht über Glauben und Leben, 1975
H. Schmidt: Religionspädagogische Rekonstruktionen, 1977
H. Schmidt: Schlichten, Trösten, Ordnen und Jesus groß machen, in: H. Hanisch, G. Martin, G. H. Ruddies, H. Schmidt: Qualifiziert als Lehrer und Erzieher im Religionsunterricht, 1978, S. 129 ff.
H. Schmidt: Sinnvolle Kommunikation üben (Zeitschrift für Evangelische Ethik 1979 H. 4, S. 272 ff)

H. Sorge, S. Vierzig: Religion und Ideologie, Urban TB 634, 1977
M. Stallmann: Christentum und Schule, 1958
M. Stallmann: Die biblische Geschichte im Unterricht, 1963
M. Stallmann: Evangelischer Religionsunterricht, 1968
H. Stock: Beiträge zur Religionspädagogik, 1969
D. Stoodt: Die gesellschaftliche Funktion des Religionsunterrichts (Der Evangelische Erzieher 1969 H. 2, S. 49 ff)
D. Stoodt: Die Praxis der Interaktion im Religionsunterricht (Der Evangelische Erzieher 1971 H. 1, S. 1 ff)
D. Stoodt: Information und Interaktion im Religionsunterricht, in: K. Wegenast (Hg.): Religionsunterricht – wohin? 1971, S. 293 ff
D. Stoodt: Das Ziel: Mündigkeit, in: N. Schneider (Hg.): Religionsunterricht – Konflikte und Konzepte, 1971, S. 116 ff
D. Stoodt: Religiöse Sozialisation und emanzipiertes Ich, in: W. Dahm, N. Luhmann, D. Stoodt: Religion – System und Sozialisation, 1972, S. 189 ff
D. Stoodt: Religion und Emanzipation, in: W. Offele (Hg.): Emanzipation und Religionspädagogik, 1972, S. 49 ff
D. Stoodt: Umstrittene Therapie (Der Evangelische Erzieher 1973 H. 3, S. 215 ff)
D. Stoodt: Zum Verhältnis von Tradition und Erfahrung in der Religionspädagogik, in: P. Biehl, H. B. Kaufmann (Hg.): Zum Verhältnis von Emanzipation und Tradition, 1975, S. 150 ff
D. Stoodt: Religionsunterricht als Interaktion, 1975
D. Stoodt: Einführung in das Studium der evangelischen Religionspädagogik, 1980
S. Vierzig: Lernziele des Religionsunterrichts (Informationen zum Religionsunterricht 1970 H. 1/2, S. 5 ff)
S. Vierzig: Religion und Emanzipation (Informationen zum Religionsunterricht 1970 H. 3/4, S. 4 ff)
S. Vierzig: Das Bedürfnis nach Religion, in: N. Schneider (Hg.): Religionsunterricht – Konflikte und Konzepte, 1971, S. 23 ff
S. Vierzig: Der Religionsunterricht im Kreuzverhör der Gesellschaft (Informationen zum Religionsunterricht 1971 H. 2, S. 2 ff)
S. Vierzig: Der Schüler im Religionsunterricht (Informationen zum Religionsunterricht 1972 H. 2, S. 1 ff)
S. Vierzig: Das Normenproblem in der Religionspädagogik (Informationen zum Religionsunterricht 1973 H. 1, S. 1 ff)
S. Vierzig: Ideologiekritik und Religionsunterricht, 1975
Th. Wilhelm: Theorie der Schule, 1969²